U0917351

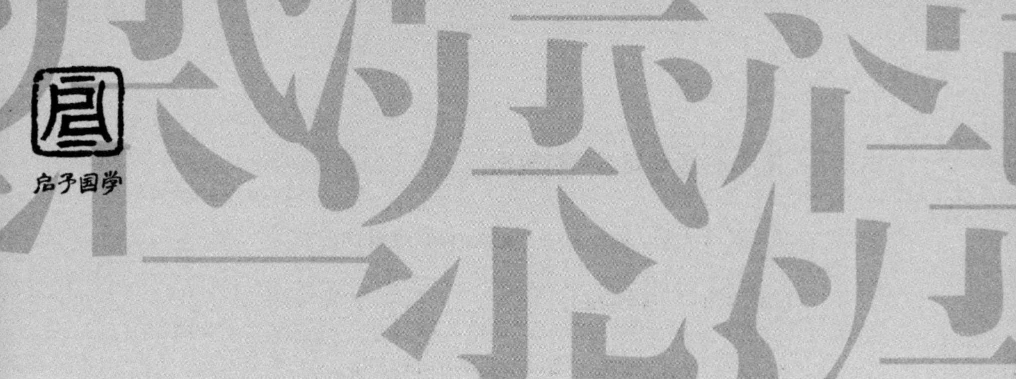

全球经济史略

杨　军／著

長春出版社
国家一级出版社
全国百佳图书出版单位

图书在版编目(CIP)数据

全球经济史略 / 杨军著. —长春 : 长春出版社,
2022.1
ISBN 978-7-5445-6613-1

Ⅰ. ①全… Ⅱ. ①杨… Ⅲ. ①经济史-世界 Ⅳ.
①F119

中国版本图书馆 CIP 数据核字(2021)第 263172 号

全球经济史略

著　　者:杨　军
责任编辑:孙振波
封面设计:宁荣刚

出版发行:长春出版社　　总编室电话:0431-88563443
编辑室电话:0431-88561184　　发行部电话:0431-88561180
地　　址:吉林省长春市长春大街 309 号
邮　　编:130041
网　　址:www.cccbs.net
制　　版:荣辉图文
印　　刷:吉林省科普印刷有限公司
经　　销:新华书店

开　　本:880 毫米×1230 毫米　1/32
字　　数:226 千字
印　　张:9
版　　次:2022 年 1 月第 1 版
印　　次:2022 年 1 月第 1 次印刷
定　　价:38.00 元

前　言

疫情期间讲《全球经济史》，有两点原因：第一，也是最主要的原因，是让大家从格物的角度出发认识事物。大家都知道，儒家的修身从格物开始，格物的较低层面是了解自己、理解他人、明白事物，这也是我们一直在练习的，但不能总停留在较低层面，更高层面也要适当推进。格物的第二重境界是了解社会、了解人性，而了解社会是其中的一个重点。

古代那些大儒为什么要读史书？很重要的原因就在于要了解社会。大家都知道曾国藩的"十二条日课"里有一条就是每天读 10 页史书。曾国藩坚持看史书，实际上就是在践行格物的第二重境界——了解社会。了解社会的一个捷径就是以史为鉴，但这不是唯一的方法，还可以通过对这个社会、对周边的观察思考，去了解社会。

以史为鉴来了解社会相对比较好把握，所以最开始跟弟子聊天的时候，也提到过讲完《西游记》是不是给大家讲一下《全球通史》。当时的想法是练习格物，但后来觉得《全球通史》包括的方面太多，政治、经济、文化、艺术等面面俱到，最后的结果恐怕不能突出重点，听众的收获也未必好。所以我从里面摘出经济方面的内容来讲，不是对人类历史的全方位描述，而是只讲其中的一个层面，这样可能更容易通过这个层面去了解社会，达到格物的效果。

历史可以解析成很多方面，为什么选经济这个方面？最主要原因是弟子中民营企业家居多，讲别的方面对大家的启发不直接，既然都是做企业的，从经济史入手可能更直接一些。

通过学习经济史了解社会，如果有所感悟，可能会对企业经营有点益处。我讲的是宏观脉络，大家需要把握一个宏观的思想，通过这个宏观的思想，去反思、去感悟，再结合自己从事的具体行业，可能才会有收获。如果做不到这一点，可能只会增长一些知识，听到一些以前没听说过的东西，对你就没有直接帮助了。我们不能以学习知识为目的，要学以致用，指导人生。我们不是为了讲经济而讲经济，而是为了练习格物，要通过学习经济史去理解社会，有所感悟。

我们讲完格物后，讲的是《红楼梦》，但不是为了讲古典文学，而是拿《红楼梦》做一个具体的格物案例，希望大家通过这个案例去反思、去感悟，真正明白什么叫了解自己、理解他人、明白事物，把格物的第一重境界理解清楚。我们今天开这门课也是为了练习格物，练习格物的第二重境界，希望大家能够通过全球经济史有所反思、有所感悟，最后能够分析社会、理解社会、了解人性、明白大道。

第二，是让大家加强自我修炼。我一直提倡弟子加强修身。特别是疫情期间，工作停顿，大家都在家防疫、隔离，那么是天天刷抖音还是天天修行？这时候应该加强自我修炼，只有这样才有可能变困境为机遇。疫情带给我们的是一场困境，但真正有智慧的人，能够把困境化为机遇。道理很简单，同样都经历着疫情，有人在家刷抖音，有人在家修炼。等疫情过去，在下一步的竞争中，修炼的人可能就比别人高出一点，在竞争中就有了优势。

因为这个原因，我提倡弟子这么做，我自己也这么做。疫情期间，我就在家闭门读书，因为这么多年为俗事困扰，没有什么整块的时间读书，读书都是挤时间。一次跟弟子聊天，弟子问我最近读了什么书，我就把 3 月份的读书目录发到群里。看过那个读书目录的弟子可能会有所感觉，我一直在读经济史方面的书，我是想通过这个去了解社会。

读书之后心得很多。怎样认识疫情前后中国乃至世界的经济形势变化？以史为鉴。通过对历史的回顾，对未来有一种预判，这才是历史学最重要的功能。所以，我们这门课还肩负着一个任务，就是通过对人类经济史的回顾，对疫情前后的中国乃至世界的经济形势进行一种预判。

我的出发点是，以这门课为案例，对社会进行剖析和了解，通过了解经济史，对中国的经济形势发展有一种自己的看法，而后结合自己的行业，对自己行业的未来有一种预判，给自己指明前进的方向。

课程主要是从远古讲到明天，也就是要对未来的经济形势做一种预判。

目　录

人类历史上的经济类型

从远古到今天，人类经历过的经济类型可以确认的有四种：渔猎采集型、农业型、牧业型（游牧业型）和工业型。

人类当下并没有完全摆脱工业社会，但是即将进入一种新型社会。对于这种新型社会，现在的学者认识不一样。不过上述四种经济类型是固定的，每一种经济类型的时间跨度都非常长。对于人类社会的历史，保守估计，不算旧石器时代，从新石器时代到现在，也得有一两万年了，一共就经历了这四种经济类型。农业型和牧业型可以视为一个时期，它俩不能截然分开。

我们今天探讨产业类型的时候，农业这个概念有狭义和广义之分。狭义的农业，就是指种地、农耕经济。广义的农业，叫大农业，学术界和政府公文把农、林、牧、副、渔业都包括在农业里，所以不能确定游牧业是一个独立的类型。从这个角度来说，到现在为止，人类社会一共经历过三种经济类型：渔猎采集型、农业型、工业型。

渔猎采集型经济

现在学者一般认为，全球人类最早经历的都是渔猎采集经济类型。

渔猎采集经济类型的主要经济活动有三个方面：第一，打鱼，捕捞水产品；第二，打猎，猎取陆地上的动物；第三，采集，采集植物。人类靠这三个方面获取食物，这是渔猎采集经济类型的最大特点。

渔猎采集作为一种经济类型，其与其他经济类型完全不一致的、决定性的、最根本的差异是食物的搜集，而不是食物的生产。渔猎采集的一切特点都是从这一点派生出来的。

水产品属于搜集类的食物，在今天人类饮食结构里占的比重非常小。但在那个时代，人类的食物全部是搜集来的，没有生产的食物，由此形成了渔猎采集经济的三个特点。第一个，绝对环保。那个时候没有环境污染问题，人类的活动只是对大自然的顺应、适应，而不是改造；第二个，那个时代人类没有食物的储存技术，食物能保存多久全靠食物本身。但是今天，人类有了电冰箱，食物可以多保存几天；正因为没有食物储存技术，从而导致了第三个特点，即全民从事食物的搜集。

每天所有人的工作就是搜集食物。换句话说，都在为下顿饭吃什么而奔波。这是全民行动，没有特权阶层。因为食物没有办法储存，导致的直接后果就是没有财富的积累。这就是现在所说的原始共产主义社会。

之所以采取共产这种方式，与没有食物的储存方式有关。如果一个优秀猎手出去打猎，猎获一只梅花鹿，他自己及其家人都吃不了，在今天可以直接放在冰箱里，慢慢吃；但在那个年代，食物没有办法储存，结果只能吃一半扔一半，这是一个很大的问题。开个玩笑，部落一不小心猎到了一头大象，整个部落围着吃，如果不抓紧吃，时间一久就得腐烂。

怎么能实现变相储存呢？分享。用分享的方式储存食物，这是原始社会的特点。打回一头鹿来，猎手吃不了，放着让它腐烂，这就是浪费资源。所以就一块一块地给周边人分出去，与周边人分享。这种事用我们今天的话来讲，就叫人情债。我今天分给你了，明天你打回头鹿，还好意思不分给我吗？大家都要分享食物，这就是原始共产主义。

这种分享的方式，实际上是给自己储存了一部分食物，是一种变相的食物储存方式。

因为食物没有办法储存，又是自然搜集而不是生产的，就导致部落常处于游动状态。一个地方周边能吃的东西都吃没了，就得搬家。所以在渔猎采集社会，人类是不定居的，没有永久性居住的房屋。因为得准备随时搬家，所以人们没有固定的居所，也就不追求建筑，只是临时搭个窝棚，凑合着住。

当时，人类群体非常小，常常几十个人就是一个群体。因为群体小，才能保证食物的供给，才能在一个地方多住几天。比如说，我们这二十多人组成一个原始社会的部落，即一个小群体，我们走到长春这里开始安营扎寨，周边有能够吃的东西，我们或打猎或打鱼，能在这里住几天。过几天没吃的了，我们就去四平，再接着打猎、打鱼。但若是群体大就不行了，这个群体若是1800人，今天刚到这儿，因为周边食物不够吃，下午就得走，不得不因为食物不够而反复折腾。所以，食物搜集这一特性决定了当时人类的群体小，而且是经常移动的。

在这样的社会里，财富的积累没有任何意义，因为人们面临的最主要的生存问题是吃饭问题，如果饭都吃不上，也考虑不到其他的了。例如，因为你现在有房子，才想着弄套好家具，跟你的房子相匹配，从而过得舒服一点。但如果你每七天搬一次家，你还要家具吗？送你一套红木家具你都得扔了。

虽说是原始共产主义，但也没什么可共产的。想象中的原始社会应该是很美好的，所有东西都是大家共有的，实际上是什么东西都没有。

有位人类学家说得最清楚，如果你每年的迁徙距离超过1300公里，而且你得背上全副家当，包括未成年的孩子，这个时候你还能储存什么财富？都是累赘！所以，家当越少越好。所谓原始社会的财富，就是随身用的工具和几件兽皮。这就是这个社会最大的一个弊端——没有办法积累财富。

这个社会因为没有财富的积累，所以就没有贫富差别。因为食物没办法储存，所以所有人都脱离不了食物的搜集工作，所有人都得去找吃的。因此在管理上非常简单，就这么几十个人的小群体，有什么事情大家商量，无须什么法律之类的约束。若是有一个跟群体很不合拍的人，怎么办？原始巫术在这个时候就发挥作用了。

例如，这几个人是一个群体，每天早上起来都主动出去搜集食物，有人能打猎，就打个兔子；有人不能打猎，就采点松子、蘑菇之类的。回来后大家将食物凑到一起，做了一起吃。会不会有人天天不去打猎，然后等着跟别人分享？这种情况是要冒生命危险的。

正常情况下，每个人都能得到食物，但是像今天有疫情了，情况就不一样了。小群体内开始有瘟疫、有疾病了，怎么治呢？就是请巫医来找找病因。这巫医也是群体中的人，对每个人都非常熟悉，他就要把“病因”落在平常懒惰的人身上。最后，巫医经过一番询问、推算、诊治，说这次的疾病都是因为某某人招来的魔鬼。那怎么办？要么把他杀了，要么把他驱逐出去。所以，平常你若不得人心，一旦有事你就会被推出去做替罪羊。

儒家为什么强调搞好人际关系？在我们今天来讲，搞好人际关系是事业走向成功的一个起点。但是在渔猎采集社会，不搞好人际关系，就可能有生命危险。原始社会就是这样把那些不合群的人淘汰了，是不是很残酷？

所以，生活在今天的我们要感到幸福。在单位里，经常跟同事吵架，人际关系不好的，若在渔猎采集社会，早就被巫医选中了。所以，那个时候的社会群体小，国家、州、县等都不存在，非常好管理。

从经济的角度分析，渔猎采集社会没有食物的生产，没有办法对食物进行长时间储存，由此导致了它的社会群体小，具有流动性，管理非常简单，而且没有办法积累财富。所有人都要投身食物的搜集工作，导致社会没有分层，没有阶级，大家都是平等的。这也导致了渔猎采集社会是停滞的，没有办法发展，因此也就不存在提高劳动生产率。

人类学家研究，这个时期人类的工作时间是最短的。我们现在每天工作 8 小时，一周工作 5 天，也就是一周工作 40 个小时。原始部落社会，人们的工作时间是平均一天 4 个小时。为什么这么清闲呢？因为储存不了食物。不仅是动物类食物储存不了，植物类食物也储存不了。

有提高劳动生产率的实力，但没有提高劳动生产率的动力，所以人们都不多劳动。原始社会里有一种专业狩猎部落，专打一种动物。比如，美洲安第斯大草原有很多野牛，野牛群很大，一群最多可达上千头。印第安人的部落就跟着这个野牛群，野牛群去哪儿他们就去哪儿，开饭的时候就捉一头。这就叫专业狩猎部落。因为多捉几头没有意义，所以就跟着野牛群走吧。

非洲、大洋洲、美洲的一些部落，在白人发现他们之前，他们生活在渔猎采集社会已经一万年以上了，但是没有任何变化，还是原来的样子。

渔猎采集社会的最大弊端是没有办法前进，是一个停滞的社会。这是人类社会的第一个阶段。

所以，在有了农业之后，我们才称其为“农业革命”，也有人把它称为人类历史上第一次革命。有了农业之后，人类社会的经济、生活等各方面都发生了天翻地覆的变化。之所以称之为“革命”，是因为发生了颠覆性的变化，人类开始发展、进步，这是农业带给我们的巨大变革。

我们如何以史为鉴，需要我们去参悟、去反思。我们是否完全解决了食物的储存问题呢？可以说，当代社会解决了财富积累问题，但没有完全解决食物储存问题。将食物冷冻的技术，只是部分地解决了食物储存问题。为什么说是“部分地解决”？你想，牛肉能永远保鲜吗？别说永远保鲜了，连永远保质也做不到。所以说，食物储存问题在一定程度上有所缓解，但没有完全解决。

人类未来在这个领域里如果有了新的突破，即食物能永久保鲜的话，那么人类社会就会发生另一次天翻地覆的变化。这种天翻地覆的变化会带来很多连锁反应。在我看来，有关人造食物的研究，就属于这个领域。

关于第一个经济类型，就简单说这些，之所以不展开，是因为对我们没有什么意义和借鉴价值。

农业型经济

关于农业社会的起源，目前学术界的看法是比较多样化的。在这里，我只介绍一种多数学者认可的观点：农业是从对野生植物的照料开始产生出来的。

在渔猎采集社会，人类在搜集食物时发现有些植物生长得相当密集。比如我们现在吃的麦子，这种植物在没有人为干预、在野外自然生长的情况下，到秋天成熟之后，麦穗变成种子，落在周围地带，第二年，种子又变成麦子，年复一年，最后一大片地上生长的全是麦子。渔猎采集社会的人群走到这里，发现有这么一大片麦子，好像够吃一阵的，就停留下来，等着麦子成熟。等收获之后，人们发现麦子好像一时不能坏，能存一阵子，于是暂时不搬家了，就在这儿守着吃。结果第二年，这块地又长出麦子来，又成熟了，人们就守住这片地方，定居在这里。

但这个时候还不是真正的农业，人们还是去采集，只不过一边采集一边在这儿等着植物成熟。在等待麦子成熟期间，人们慢慢做了一些工作。比方说，这个时候如果有鸟来吃，人们就把鸟轰走；如果再来头熊，人们就想办法把熊轰走。如此，就开始进行田间管理了。慢慢地，人们就摸索出一些门道，发现原来是这个东西（麦子）掉到地里，还能再次生长。于是，人们有意识地把种子放在地里，看看能不能生长。最后，人们发现了规律，就把麦穗摘了，撒到别的地方，人为地扩大了麦子的生产面积，从而提高了产量，满足了人们对食物的需求。这样，这个部落就可以在此永久定居下来，不再迁徙了。

人们从照料野生植物开始，逐渐发展到栽培野生植物，原始农业就出现了。

原始农业的出现，给人类社会带来了革命性的变化。首先，人类从搜集食物变成了生产食物。开始生产食物之后，人们发现这个东西的成熟期得有几个月，这几个月不能迁走，否则，这片植物就可能被别人占有了，或者被野兽糟蹋了，所以人得在这儿看着。这就导致了人类社会的一个巨大变化——开始定居，这是与渔猎采集社会最大的区别。渔猎采集社会时，人们总得搬家；农业社会时，人们则能定居了。可以说，人类是被自己的食物束缚在土地上的。

我们都知道，粮食只要没有日晒雨浇，存几年是没问题的，这在一定程度上解决了食物的储存问题。如果野生植物够多，甚至收获一次够吃几年的，一个人的劳动带来的收获可能够几个人吃，就不再需要所有人都投入到食物采集工作中，于是便出现了劳动分工。社会出现劳动分工，这是农业带来的又一巨大变化。

社会分工的产生

谈到分工，首先按马克思主义理论讲，手工业是从农业中分离出来的。例如原始部落用的陶盆，在渔猎采集社会，所有人都得搜集食物，那么用来煮食物的陶罐谁来制作呢？——谁用谁自己做。当然，制作时没什么技术含量，非常粗糙。而有了农业生产之后，由于食物可以储存，一个人生产的食物可以供很多人用，所以有一部分人就可以不直接从事食物生产。

在这部分人群里，有些手巧的，做的瓦罐比别人做得精细、好用。然后就有人提出，用粮食来交换瓦罐。这样就出现了手艺人，他不从事农业生产，而是从事手工业生产，靠生产瓦罐换粮食。这就使得手工业和农业分离，出现了专门从事手工业的工匠。这是第一次社会大分工。

还有一种人，脑子比较灵活，发现有人生产的瓦罐特别精美，大家都拿粮食跟他交换。于是这类脑子活的人想到，若是拿这个瓦罐跟别的部落交换，就能多换一些粮食。于是他用粮食与生产瓦罐的人交换，再用瓦罐去其他部落换回更多的粮食，挣中间的粮食差价，商业就由此产生了。这是人类第二次社会大分工。

商业的起源给我们的启示是，从事商业的人，思维一定要灵活，这样才能发现商机。

由此可见，人类之所以产生劳动大分工，就是由两类人导致的，一类是手巧的，一类是心灵的。心灵手巧很重要，手巧的人成为手工业者，心灵的人成为商人，他们都不用从事农业生产，不用从事食物生产，通过物品交换就能获得自己需要的食物。

在农业和手工业分离之后，出现了商业，这都是在农业基础上产生的。出现社会劳动分工后，就有了专门从事手工业生产的人和专门从事商业的人，无须所有人都从事食物的直接生产了。再发展下去，由于定居了，人类开始思考要把房子好好修一修，房子越修越坚固，接着也有了对家具的需要，这时候就出现了财富的积累。

有了财富积累就有了社会分化，产生了贫富之别。原始社会最大的特点是财富共享，没有私有制。现在出现了财富积累，大家都想要过得好一点，由于财富积累，导致了贫富差距。

贫富差距出现之后，就导致了社会管理的复杂性增大，出现了国家。有的人家有钱，过得好；有的人家什么都没有，过得不好。富人害怕自己的财产和生命安全受到威胁，就想办法保护自己。在这个基础上，慢慢地就形成了新的社会制度，即所谓的阶级社会。国家就是阶级社会带来的产物。

各种管理变得越来越复杂，也跟定居有关系。以前二三十人一个群体，四处游动，现在定居之后，可能上百户人家住在一起，形成一个大的村庄，管理问题就复杂了。

人口密度越大，管理问题越复杂，职业分工也越复杂。举个最简单的例子，现在城市都有清洁队伍，但村屯就没有。为什么城乡有这样的差距？村屯就四五十户人家，各家自扫门前雪，问题就解决了。但是几百万人住到一个城市，没有专业队伍，问题解决不了。

人口越密集，需要的管理越复杂，由此派生的职业就越多。当下创业打工都奔北、上、广、深，为什么？机会多。为什么那些地方机会多呢？原因之一是，人口基数大了之后，职业分工就细了。比如，现在人口密集的大城市都有一个新的行业——宠物医院，但是县城就未必有。

现在有些经济学家认为未来发展要小城镇化，我是不认同的。小城镇化哪来这么多就业机会？还得都市化，就业机会才能提高。

社会分工的进一步发展，使得手工业、商业从农业中分离出来之后，又出现了一个阶层——管理阶层，或者叫“管理者”。因为社会中的各个群体越来越大，结构越来越复杂，就需要专业的管理者了。专业干管理的，也不从事食物生产，而是通过他对社会的管理来获取食物。

管理阶层产生之后又出现一个阶层，用褒义词讲叫“艺术家群体”，即从事艺术、宗教等职业的人。举个例子，古代的农业社会往往存在大祭祀，但跟以前渔猎采集社会里的巫师不一样，巫师是兼职的，也得从事食物采集。而农业社会里出现的寺庙祭祀，就属于宗教职业者了，他以这个为职业并接受八方供养，所以就不从事农业生产了。这个阶层是依附于管理阶层的。

总之，农业带给我们的变化首先是有了食物生产，接着就是定居，定居之后带来了社会分工。社会分工使得人类社会的管理变得越来越复杂，部落越来越大，人群越来越大，社会层级越来越多，最后就出现了“国家”。我们一般认为，出现了国家，人类就步入了文明社会，就不再是野蛮时代了。这是农业带来的一系列变化。

人口比例变化的含义

可以说，农业使人类社会生活的方方面面都产生了变化，因此我们才把它称为“革命”——农业革命。农业革命是一次本质性的变化，使得人类的生存方式发生了巨大的变化。对每个人都有影响的是，可以选择职业。在我看来，这是人类社会的一大进步，而且是对人性的一种解放，人有了选择权，就可以选择从事什么职业，就有了选择生存方式的权利。

在农业社会，随着生产力的不断提高，直接从事食物生产的人数，在总人口里所占的比例越来越小，这是整个人类社会发展的一个趋势。农业社会这个比例可能还相对高一些，至少过半。在发达的农业社会，直接从事食物生产的人数在总人口中占的比例肯定过半，不会少于一半。这是因为劳动生产率低，如果直接从事食物生产的人太少，生产的粮食就不能满足全社会的需求了。简单地说，就是从事农业的人太少，生产的粮食就不够吃了。

当代社会，如果一个国家直接从事食物生产的人数超过总人口数的一半，那么这个国家的经济就落后了。这是我们衡量一个国家经济发达与否的重要参数。中华人民共和国成立初期，经济相对比较落后，原因是 8 亿人口中有 7 亿农民。今天我们又面对一个什么情况？农村人口越来越少，很多都去城里打工了，这实际上是经济进步的体现。

为什么说美国是发达国家？美国直接从事食物生产的人数仅占总人口数的3%－4%。而中国比这个参数高多了，所以我们现在的经济发达程度还比不上美国。当然，这不是唯一参数，但它是个很重要的参数。

总之，从进入农业社会开始，或者人类由食物采集走向食物生产开始，直接从事食物生产的人数在总人口中占的比例一直在下降，这是一个发展的大趋势。了解了这个规律，我们是不是可以对某些产业进行反思？比如，如果现在你要在农村搞一个劳动密集型产业，这跟大趋势能吻合吗？

四大文明古国

人类最早进入农业社会的几个地区，就是我们所说的四大文明古国。按国家说不太准确，按自然地理位置来讲，首先是尼罗河流域，率先进入农业社会；接着是西亚两河流域——幼发拉底河和底格里斯河流域，西方学者也称其为“新月地带”，因为这个地区是一个呈半环形的地带；第三个是南亚的两河流域，即印度河、恒河流域；最后是东亚的两河流域——长江、黄河流域。

人类在这四个地方率先步入农业社会，是有其自然原因的。比如说尼罗河流域，每年洪水泛滥，洪水退后，上游泥土淤积的滩涂地非常肥沃，泥沙积淀的地方还很松软，利于开耕。我们东北的黑土地虽然很肥沃，但在远古时期是开发不出来的。

因为最开始步入农业社会的时候，没有铁器，没有青铜器，工具只是石器，所以学术界称之为石器时代。我们说的石器时代的“石器”只是一个概括。有的学者认为，说石器时代的主要工具是石头制作的并不准确，只是现在我们发现那个时代的工具以石制的为主，就称其为石器时代。实际上，那个时代主要的工具是石器、木器、骨器，只是木头腐烂了没有保留下来而已。

早期的石器就是所谓的打制石器，这是从制作工艺的角度来说的。靠击打而成的石器时期被人们称为旧石器时代。后来，击打石器发展为磨制，这个时期被人们称为新石器时代。二者最大的区别在于旧石器时代以打制石器为主，新石器时代以磨制石器为主。

用石器、骨器、木器去开垦东北黑土地，显然是开垦不出来的，所以说自然条件很重要。早期进入农业社会的地区，其自然条件的特点是：第一，绝对没有大森林，因为拿着石器、骨器、木棍，不可能砍伐掉原始森林，开垦成农田；第二，土质不能黏重，必须疏松，这也是人类那个时期的工具决定的。早期进入农业社会的地区自然条件必须具备这两个特点。

尼罗河流域有这些特点。上游一泛滥，泥沙就淤积到下游，渐渐形成冲积平原，不仅泥沙肥沃，还疏松，非常容易耕种，所以尼罗河流域率先进入了农业社会。西亚的两河流域与尼罗河流域类似。中华文明出现在黄土高原也是同样的原因，黄土疏松，而且黄土高原上没有大面积的森林，容易开垦。

还有一个步入农业社会的，但现在的学者也说不准时间。它是独立发展的，就是美洲印第安人。我们很熟悉的印加帝国、玛雅帝国，肯定是农业社会，但其农业是独立发展的，而且没有发展到很高的水平。

印第安人的农业没有发展到很高水平的原因，我认为有两点最重要。第一，它孤立于美洲，没有交流对象。经济和文化的进步，有交流、有互动才会快；第二，也是前辈学者总结的，美洲农业发展受制于当地没有易于驯化的大牲畜，如牛、马、骆驼等。大牲畜起到动力的作用。现在的动力是电、石油、天然气，但农业社会的动力主要靠人和动物的体力，这是很重要的动力来源。

缺乏易于驯化的大动物、大牲畜，所以自身动力不足，用今天的话说就是能源不足、能源危机。当时美洲的运输都得靠人力，而古代的我们相对他们就幸福多了，我们用驴驮、马拉、牛驮。

美洲虽然也进入了农业社会，但在欧洲人到来之前，美洲的农业一直没有发展到较高层面，社会取得的文明成就相对也比较低。

四大文明古国在整个亚、欧、非大陆上，是率先进入农业社会的。在四大文明古国的周围，都有能跟它们进行互动交流的族群，这是很重要的。尼罗河流域既可以跟尼罗河上游往来，还可以跨越地中海与希腊世界往来。幼发拉底河、底格里斯河流域，其北面就是今天土耳其境内的安纳托利亚高原，当时生活着渔猎采集部落，再往后有游牧部落，他们也可以和两河流域的农业社会进行互动交流。幼发拉底河和底格里斯河都注入波斯湾，波斯湾的另一边就是伊朗高原，而伊朗高原上当时是存在着游牧部落的，所以两河地区的农业社会跟周边很早就有贸易往来，商业比较发达。

现在考古学家发现，两河流域用的石头是从伊朗高原边缘运过来的，当地盖房子用的大木料，应该是从地中海沿岸，即今天的巴勒斯坦、以色列一带运来的。这肯定就存在一种贸易，也就是说两河流域与周边地区存在经济互动。

印度河文明也具有同样的特点。印度河再往北就是中亚，当时也是一个诸民族互动的地区，而且这个地区的民族迁徙在当时是相当活跃的，因此造就了印度大陆南北种族的不一致。印度次大陆北部的恒河、印度河流域，有大量从中亚迁过来的雅利安人，而印度次大陆南部则主要是达罗毗荼人，这才是印度的土著。人群迁徙很频繁，所以他们之间的经济交流也是相当密切的。在印度北部进入农业社会的时候，周边有从事游牧、渔猎采集的部落，与他们构成了经济上的互动。

中国的黄河流域也是如此，黄河流域北面就是蒙古草原，这两个区域的互动也是相当密切的。

总而言之，四大文明古国是人类历史上率先进入农业社会的四个地区，而这四个地区在其进入农业社会的时候，周边都存在跟它们不同经济类型的族群，能跟它们进行充分的经济互动，这是四大文明古国能迅速发展的重要原因。

异质经济类型之间的互动

四大文明古国与其周围族群之间的经济互动是异质经济类型之间的互动，是农业经济类型与渔猎采集或者游牧经济类型之间的互动。这是早期推动四大文明地区，也可以说是推动人类农业社会早期发展的一个重要因素。

早期要有一个异质互动的地区，才能产生商机。从事农业生产之后，人们把主要精力投入到耕种上，发现跟别人交换相对合算。比如，种地的同时再养牛羊，好像顾不过来。将精力都放在种地上了，但还是需要羊肉，那就拿粮食换吧。所以这四大文明地区周边都有异质的经济类型和它进行互动。

不要小看渔猎采集，它也存在着经济交换的可能。渔猎采集时很多东西近乎废料，比如，每天都打猎，兽皮就有很多，但兽皮对于人们来讲用处不是很大。在高纬度地区，像因纽特人，需要兽皮保暖，用量会相对多一些，但是在非洲草原热带地区，热得很，谁还能用兽皮？兽皮在迁徙时唯一的作用可能就是搭窝棚。这在东北的鄂伦春地区叫“乌力楞”，就是将几个棍子支起来，然后用兽皮蒙上，这就是家了，能够遮风挡雨，但所用不会太多。兽皮这种近乎再无他用的东西，人们在农业社会进行交流之后可以卖上大价钱，于是就带来了商业的互动和交流。

欧洲人在美洲跟印第安人做生意，皮革买卖是很重要的一项业务。印第安人一开始对扩大兽皮再生产没有动力，因为兽皮对他们来说近乎无用。欧洲人到来之后，向印第安人收购兽皮，再卖到欧洲，获得了很高的利润。欧洲人大量收购兽皮，刺激了印第安人提高劳动生产率。

后来，欧洲人的坏心思就冒出来了，向印第安人销售猎枪和酒。欧洲人销售猎枪给印第安人是为了让他们扩大生产规模，因为靠弓箭打不了多少野兽，用猎枪就提高劳动生产率了。欧洲人销售酒，还允许赊账，印第安人把猎获的兽皮交给欧洲商人，扣去还账的，剩不了什么了。这就是欧洲人最早剥削印第安人的方式，导致印第安人不断扩大再生产。北大西洋的海豹很快就被打灭绝了，原因就在于欧洲人大量收购兽皮。

这是一种畸形的经济互动，与早期不同，早期进入农业社会的地区跟周边族群这种异质社会之间的经济互动，是良性的，是互通有无的，是双赢的。有了这种经济互动，游牧民族发现，他们可以把所有的时间和精力都用在照料牲口上，不用管别的了。要用坛坛罐罐时就与农业社会的人们交换，比自己制作得还精美、合算，还可以节省下时间和精力，多养牲口。这种经济互动使游牧民感觉非常便宜，而农业社会的人们也觉得自己赚了大便宜。

早期能够迅速发展走向高峰的农业社会地区，其周边都存在着这样能跟它进行异质经济互动的群体。人类最早的贸易就是这种异质社会、异质经济类型之间的双赢。

当农业社会发展到较高层面或者极致之后，异质的经济交流就退居次要地位了，占主导地位的是同质的经济交流，即进行贸易的两个社会的经济类型是一致的。

举个例子，古代中国、朝鲜和日本，经济类型是完全一致的，连文化都差不多，所以它们之间的贸易是同质社会之间的贸易。

当下，我们已经超越农业社会进入工业社会了，大家就不要总想着找异质商业、异质贸易了。当代社会的贸易应该是以同质社会的贸易为主，总想搞互通有无的贸易，就不对了。

举个最典型的例子，在美国汽车行业最发达的时候，福特汽车最火。日本汽车打入美国市场后，这是什么贸易？同质的。不是美国没有汽车，而是当时美国是汽车生产大国，而日本要把汽车卖给美国。当代社会的贸易就是以这种同质贸易为主，而不再是以异质贸易为主。

游牧型经济

游牧型经济是人类利用自然资源的另一种模式，是人们在不适宜开展农业生产的地方为生产食物而摸索出的一套方法。并不是先有了游牧，然后人类赶着牲畜进入草原，而是人类思考怎样利用草原，最后才产生了游牧业。

游牧业作为一种经济类型，不等于家畜饲养。农业社会都有家畜饲养，其特点是，它是农业的一个分支、一个补充形式。饲养牲畜是为了拉车、拉犁种地，将收获的作物从地里拉回来。家畜饲养是服务于农业的。农村养牲畜是圈养，即使放牧也是在房前屋后、田间地头，晚上就圈起来了，是定居的，不是我们说的游牧业。它不是一个独立的经济类型，而是农业经济类型的必要组成部分。

我们所说的牧业或者游牧业，是指远距离放牧，人跟着牲畜走，或者人为牲畜去寻找水草，而且牲畜构成了人们主要的财富来源。农业的家畜饲养不构成人们主要的财富来源，其主要财富来源靠种地。

另外，游牧业的最大特点就是“游”，它是游动的。从历史上看，游牧业可以分为两大类，一类是水平游牧，一类是垂直游牧。蒙古草原是典型的水平游牧，即在同一个海拔区域赶着牲畜四处游走。所谓垂直游牧，就是有冬、夏牧场，夏季的时候赶着牲畜往高海拔的山上走，冬季的时候山上下雪了，再赶着牲畜往低海拔的山下、山谷里走。在同一个地域里，山上山下垂直游动，按照海拔高度游动，叫垂直游牧。

不管是水平游牧还是垂直游牧，都是定期赶着牲畜群走。而且牲畜是主要财富来源，财富就体现为有多少牲畜。游牧业是人类利用自然资源的一种新模式，是在一些不适宜发展农业的地方，人类思考出的一种新的生存模式。

为什么一直到当代很多地方还有渔猎采集经济类型呢？因为那个地区不适合农业，没办法发展农业，也没办法发展畜牧业，渔猎采集经济才一直延续下来。随着农业的发展，能开垦成农田的地方都被开垦出来了。还有一些不适宜进行农业生产的地方，人类发明了一种新的利用自然资源的模式，这就是游牧业。当然还有一些农业、牧业都不适合的地方，就坚持渔猎采集经济，那个地方就长期停滞在原始状态，这就是自然对人类的一种制约和限制。

社会发展到今天，虽然在科技如此发达的时代，自然对人类的限制仍旧是存在的，有些地方人类还是没有办法利用。但随着科技的进步，也许这个问题能够进一步突破。

人类为了生产食物，想尽一切解决办法，当然这跟人口逐渐增长有关。渔猎采集经济时代，全球人口不超过一千万。农业社会之后，能够供养的人口数量大幅增加。

游牧业作为人类利用自然资源的一种模式，先天具有以下短板：

第一，也是最重要的一点，它没有办法构成一个独立的、封闭的经济类型，这一点和农业、渔猎都不一样。渔猎采集社会可以不依赖于外界，可以是封闭的，跟外界不互通有无，自给自足，也可以维持生存。农业也可以不对外交往，小农经济本身就具有一种封闭性，它可以自给自足。当然，不对外交流，它的发展水平就会停滞，这是另一个问题。小农经济具有封闭的可能性，可以独立存在。农村走向极端的时候，农民甚至可以不用钱，可以不认识钱。不进行产品交换，不进入商品市场，不买东西，全部自给自足——粮食、水果、蔬菜都是自己生产的，衣服也可以用自己种的麻纺成布制成。

这种封闭性背后是什么？是独立性！有独立性才能自我封闭。我们今天的经济也是这样，任何国家的经济只要有独立性，就能自我封闭，不跟别的国家贸易。但是这种封闭要以舍弃发展为前提。

但游牧经济不行，它不具备这种独立性，需要和农业社会互通有无。农业社会可以没有游牧社会，但游牧社会离不开农业社会。原因在于游牧经济生产不了工具，没有手工业生产。

比如，蒙古草原和中原地区的长期贸易中，很大的一项是铁锅，游牧民族自己生产不了。如果要自我封闭，不跟农业社会交往，游牧民族就得去开矿冶铁，然后才能打制出来铁锅。先不说草原上有没有铁矿，而是说如果游牧民族去开铁矿，牲畜怎么办？这块草场吃的没了，牲畜没有食物，就要赶着牲畜去下一个草场，否则牲畜就饿死了，所以他们根本没有时间开矿。

游牧业必需的很多手工业产品依赖农业社会输入，所以说它不是绝对独立的，这是它的一个短板。

第二，游牧业抗打击能力太差，抵抗自然灾害的能力太差。中国古代王朝讲究的是，国家每三年就有一年的粮食作为储备。在正常年份下，三年农业生产就能有一年粮食剩余，即三年能攒出一年的粮食，也就意味着只要前两年风调雨顺、正常生产，即使第三年颗粒无收也没关系，前两年储备的粮食就够渡过难关了。因此农业社会抗击自然灾害的能力相对较强。

游牧业的主要财富是牲畜群，只要发生一次天灾，就是毁灭性的。内蒙古现在有国家保障，只要遇灾，国家就会救助。古代呢？冬天一场大雪，草场全被覆盖，靠人工清雪来保证牲畜的食物供应根本做不到，所以一场大雪就能导致大量牲畜被饿死。虽然眼前牲口能够保证肉食供应，牧民吃得好，可是一个冬季牲畜都死了，开春之后牧民的生活就完全没有着落了。在古代的蒙古草原，往往一场大雪就能导致游牧业全面崩溃，主要原因就是游牧业的抗灾能力太差。

历史记载，游牧民族经常抢掠农耕民族，这也与游牧业的抗灾能力差有关。一场大雪使得牲畜都死了，牧民没了生活来源，怎么活下去？于是只能抢农耕民族。

中国古代政权跟草原民族打交道时间久了之后，利用草原民族在经济上不独立的短板，经常用贸易来要挟。如果草原民族能够与农耕政权和睦相处，二者就可以保持互通有无；如果草原民族骚扰农耕政权的边境，那就停止二者之间的贸易。

另外，游牧业还有一个致命的短板，和渔猎采集业相同，游牧业背景下人们处于游动状态，虽然可以有财富积累，但财富非常不稳定。游牧业背景下的游动性不利于财富的积累，不利于劳动生产率的提高，所以游牧业存在了几千年，一直没有太大的变化。

公元前 2 世纪的蒙古草原，和公元 12 世纪的蒙古草原差不多，包括放牧牛羊的方式、搭建的帐篷、生活水平、生产力水平都差不多，没有明显的发展。在现代社会到来之前，游牧社会、游牧经济基本上是不变的，没有办法提升到较高层面。

但是农业社会不一样，农业社会前后期差异很大，农业社会能不断提高劳动生产率，导致社会、人的生活方式等各方面都发生了巨大的变化。

粗放农业与精耕农业

农业社会不仅前后期发展水平差异极大，而且世界各个地区农业社会发展的差异也极大，这是农业社会的特点。

我们将最早的农业称为粗放农业，简单地说，就是不懂灌溉、不懂施肥、没有犁耕状态下的农业。中国最早的黄土高原上的农业，一直到西周，还不懂使用犁，不施肥，不灌溉：春天在地里挖个坑，撒上种子，埋上土，踩一踩，下雨就长苗，不下雨就顺其自然。

不懂施肥导致的结果是必须实行轮耕。一块地种两年肥力耗尽了怎么办？换块地，这块地撂荒，过几年再种，这种耕作模式叫轮耕制，即轮流耕种几块土地，让土地得到休息以恢复地力，因此也称休耕制。

中国古代有三个专有名词——菑、新、畬，分别指开垦耕种一年、两年、三年的耕地。荒地开垦出来，第一年耕种的叫“菑”，第二年耕种的叫“新”，第三年耕种的叫“畬”。新开垦的地，因为刚开垦出来，杂草根清理不干净，还经常有杂草生长，这个时候产量不是最高的。第二年这块地的产量最高，但是肥力逐渐耗尽，到第三年产量就不及第二年了，到第四年肥力已经耗尽了，再种产量就会很低。因此要换块地，把这块地撂荒，让这块地休息，这叫休耕。

《周易》爻辞里面提到了“菑”“畬”这些专有名词，说明至少到《周易》成书时，轮耕制在中国农业中还是一个非常普遍的现象。

撂荒是为了让土地长杂草、长灌木。有一个词叫“刀耕火种”，说的是粗放农业的特点。一块地撂荒几年，杂草灌木都长起来了，等到要种的时候，用刀把杂草灌木砍掉，然后放火烧了，烧完后的草木灰就起到了施肥的作用，然后再耕种。

早期粗放农业的劳动生产率极低，最主要的体现是种子和收获物的比例。这块地种下去二斤种子，最后能收获多少斤粮食，这个比例叫种子和收获物的比例。在古代最发达的农业社会，种子和最后收获物的比例一般不超过 1∶20，即撒一斤种子到秋天能收获 20 斤粮食，这算是非常高的。而粗放农业的比例一般为 1∶3 或 1∶4，即撒下一斤种子，到秋天大概能收获三四斤粮食。为什么粗放农业劳动生产率低？因为不会施肥，没有田间管理，没有选种，没有农业技术。

粗放农业再往后发展，叫精耕农业。精耕农业的标志就是会施肥、会灌溉、会修水渠等。会灌溉、施肥是很重要的，因为施肥而取消了轮耕，没有休耕，土地就可以年年种了。如果以前有 300 亩地，一年只能种 200 亩，其余的 100 亩撂荒，现在 300 亩地都可以年年耕种了，等于增加了耕地面积。取消了轮耕，这是农业一个非常大的进步。

进入精耕农业社会之后，不仅仅是会灌溉、会施肥了，农业生产技术也越来越提高，发明了犁耕，并使用牲畜拉犁。最开始的犁用人拉，人没有力气，所以犁小，翻得浅，效果不好。现在东北农村还有句话——“要想高产，一靠政策，二靠深翻。”人们懂得了用牲畜拉犁可以深翻，就提高了农业产量。然后是选种，以前都是将吃剩下的粮食作为种子，没有选种这个程序，后来知道种子要选颗粒饱满的，收获量才会大，才有了选种这个环节。今年收获粮食之后，先把明年的种子选出来。有了选种后，又有了田间管理技术等，这些标志着农业进入了精耕农业时期。

进入精耕农业时代之后，粮食产量翻了几番，使得农业社会的经济上了一个新台阶。中国大概是在春秋战国时期完成这个变革的，其带来的直接结果是，粮食产量上升了，人口数量增加了。以前，同样的耕地面积所产出的粮食养不了这么多人口，但进入精耕农业之后，粮食的单位面积产量提高了，所以能养活的人口数量也增多了，使得人口密度也在增大。这是农业社会早期的一个变化。

我们现在是按时间顺序来讲前期农业社会到后期农业社会的变化。随着农业生产技术的提高，粮食产量提高了，人口越来越多，密度越来越大，导致社会分工越来越复杂，社会阶层越来越复杂，需要的管理也越来越复杂。这也是农业社会从前期到后期的一大变化。

以中国为例，春秋战国时期进入精耕农业社会，发展到唐朝以后，江南的稻作农业发展起来。江南虽然很早就种植水稻了，但是因为技术不过关，所以产量不高。到唐代以后，江南的水稻种植技术提高了，水稻产量比旱田高这个优势也体现出来了。到宋代时出现了一个变化，即中国南方人口超过北方，经济中心南移。

唐朝以前，中国的经济、文化中心都在黄河流域，到了宋朝，特别是南宋，中国经济、文化中心已移至江南。背后的原因是稻作农业发展成熟，其优势是旱田无法相比的。再往后，中国人口有了一个新的突破，就是由美洲传入中国的农作物，如土豆、地瓜、玉米之类，以前不能开垦的山地，现在都可以种植了。引进新作物品种之后，耕地面积扩大了，食物生产量提高了，能养活的人口增加了，所以从明朝后期开始，中国的人口就爆炸式增长了。

中国历史上第一个强盛朝代是西汉，人口在巅峰期只有6000万人；在最强盛的唐朝，据学者估计，人口也仅约8000万；而到宋朝，中国人口就过亿了。据现代学者估计，明朝时人口可能超过1.5亿，到清朝，经过“康乾盛世”，中国人口正式突破4亿。这要归功于土豆、地瓜和玉米等农作物的传入，能提供的食物增多，所以中国人口就爆炸了。

同样是农业社会，但前期、后期的变化非常大。中国很早就进入农业社会了，夏朝甚至在夏朝以前就已经进入农业社会，但那时是粗放农业。那个时候中国有多少人口？据现在历史学家研究，商王朝统治时可能只有780万人。仅仅比今天的长春市人口多点。春秋时期，学者的估计数字不太一样，可能有两三千万人，比较保守地估计仅有1500万人，人口也很少。为什么？粗放农业下粮食产量少，可养活的人口少。

同样是农业社会，中国早期只有几千万人口，后期突破4个亿，差距很大。这不仅是人口数量的问题，还带来了经济、社会等很多方面的差异，导致农业社会存在诸多类型。

轮耕制在中国很早就取消了，进入精耕农业，所以中国农业才能养活很多人口。但欧洲到15世纪还有轮耕制。也就是说，相当于中国的明朝中后期，欧洲还处在轮耕时代。也可以说欧洲近代发展的契机，恰恰是因为此前比较落后。中国近代的发展为什么不及欧洲，就是因为中国以前农业社会太发达了。中国的农业社会发展到极致，产生了4亿多人口，丧失了很多经济转轨的机会。欧洲因为早期欠发达，后来才有经济转轨的可能。

工业革命为什么发生于欧洲而没有发生于中国？我认为这是其中的一个原因，即早期的落后成为它后期发展的前提，这就是我们所说的“弯道超车”。

对“弯道超车”，我们要高度重视，因为它是客观存在的。历史上是有这样的经验的，那么，我们今天的发展是否也存在“弯道超车”的可能？以前的短板能不能变成我们未来发展的契机？这是值得我们思考的。

交通和运输能力

农业社会存在着地区差异，这种地区差异的前提条件是古代各个地区之间的交往比较少。进入工业社会之后，最大的一个变革是全球经济一体化。

古代全球可以分成几个区域，区域之间的经济交往是比较少的。因为东亚、西亚、欧洲属于不同的区域，美洲是独立存在的区域，所以形成了不同地区的不同农业经济类型。如果各个地区之间交往密切，是不会出现这个结局的。

古代各个地区之间经济交往比较少，根源在哪里？在于交通和运输能力比较弱。工业社会带来的一个最大的变革，就是交通和运输能力的提高。特别是修建了铁轨，火车跑起来之后，交通和运输能力得到空前提高。注意，“交通”“运输”是两个概念。二者的区别，简单来说，交通指人的流动，运输指货物的流动。在农业社会，不同区域之间的交通和运输能力相对较弱，从交通的角度来讲，两个地区道路欠发达，人过不去；从运输的角度说，运输成本太高，无法开展大规模贸易。

交通能力弱还体现在速度太慢。举个例了，今天从海拉尔到北京，坐飞机大约两个半小时就到了。古代一直到农业社会发展的最终阶段——清朝，跟沙皇俄国的雅克萨之战，前线打赢了，八百里加急向皇帝汇报，结果15天之后皇帝才接到捷报。古代秀才赴京赶考，一走好几年，出门就等于失联，就是因为交通能力太差。

交通能力弱导致运输能力更差。古代的战争为什么那么耗财？最主要的原因是运输能力太差。中原王朝不想打败草原上的游牧帝国吗？想。但是制约它的一个因素不在于武装力量，也不在于部队的战斗力，而在于后勤保障。

比如，中原王朝想要派 8 万部队进攻蒙古草原，军粮怎么解决？《史记》载“千里运粮，率十余钟致一石”，意思是，如果向 1000 里之外运送粮食，平均要消耗 10 多钟，才能运到一石。钟是度量单位，汉代一钟相当于六石四斗。运送一石粮食到 1000 里之外，运输费用相当于粮食价格的 60 多倍。汉代一个士兵一个月的口粮大约为两石。8 万人的部队仅仅出去一个月，军粮运输的消耗就相当 1000 万石以上的粮食。要进攻蒙古草原，运输距离何止千里！军粮运输问题无法解决，这是当时的老大难问题。

由于交通和运输能力差，导致古代各个地区之间的交往程度比较弱，因此各个地区的农业社会才有着明显的差异。中国修驿站，修驿道，修大运河，都是为了提高交通运输能力。但是，中国都是在境内发展交通运输，没有往中亚、西亚修过驿道、运河，就更别说往欧洲方向了。中国内部的交通运输能力确实得到了改善，但是地区之间的交通运输还是非常落后的，这导致地区之间经济交往少，地区之间差异大。

这对我们今天有没有启发？改革开放之后有一句话叫“要想富，先修路”，绝对是有道理的。

今天，中国经济发达的地区，同时也是交通和运输能力最发达的地区，经济落后地区就是交通和运输能力最差的地区。经济发达程度与交通运输能力绝对成正比。可能也有人把这个问题想反了，说因为这个地区经济发达，能修得起高速路，所以其交通和运输才发达。这是倒置了因果关系，是因为它有比较发达的交通和运输能力，经济才发达的。西部为什么经济欠发达？交通和运输问题都解决不了，还谈什么发展？

我们从历史观照现实，就会有很多方面的启示，包括投资方向、产业发展方向、产业受制的瓶颈、中外贸易等，交通和运输问题就是我们思考的一个切入点。

农业社会前期、后期差异很大，不同地区之间差异很大，就构成了世界不同地区、不同文明的经济基础。为什么古代有不同的文明、不同的国家？很重要一点是因为有不同的经济基础，也就是不同的农业类型。虽然都是农业社会，但差异很大，而这种差异背后实际上也构成了一种竞争。中国古代长期在竞争中处于优势，到近代以后，就变为劣势了。为什么我们在竞争中从优势变成劣势？这个问题我们后面再说。

农业型经济的几种类型

首先以中国为例。农业生产以一家一户为单位，是典型的小农经济，这是一种类型。而小农经济的背后，必须是土地的自由买卖，因此小农经济的社会阶层流动是最迅速的。为什么？你经营好了，有了闲钱，你就可以再买点儿土地，这样一点点扩大，就变成了地主，最后可以脱离农业生产，雇人种地了；你经营不善，最后日子过不下去了，只好把地卖了，给别人打工去，变成了雇农。

宋朝以后，中国的农业型经济就进入了这样的小农经济。在这之前我们还有一种经济，叫庄园经济，也是农耕社会的一种经济类型。大地产、大庄园会雇很多人，而且这些人具有人身依附性，即除了种地，还要给主人做其他家务。庄园是一个封闭的社会，可以自给自足，不跟外面交往也行，这叫庄园经济。

我觉得，庄园经济和小农经济是相对立的，可以说是农业型经济的两种典型类型。

中国后来能够发展，是因为我们比其他国家提前进入小农经济，而其他国家不是，特别是欧洲国家。欧洲的中世纪长期是庄园经济占据主导地位。欧洲的地产不分割，由嫡长子继承，其他儿子没有，这样其他人就得自谋职业，比如当武士等，这就是所谓的欧洲骑士制度。给主子效力的人，到战争的时候立了战功，主人会赏他一片封地，赏他一个城堡。这样他自己就有庄园了，然后他再传给他的长子。当时的日本后期也是这样，所以日本才有了武士。

在农业社会的历史上，庄园经济和小农经济是交替出现的，没有前后次序。而从历史上看，这种交替没有什么规律可循。

在中国，从两汉到魏晋南北朝，我们有过庄园经济，到宋代以后就是小农经济了。对于中国来讲，是先有庄园经济后有小农经济的，但是西方不是。西方在古罗马时期就存在着小农经济，后来变成庄园经济了。

农耕经济如果是以庄园经济为主导的话，那么它自身就具有了一定的封闭性。庄园经济有独立性、封闭性，因此导致政治上的割据性、分裂性。所以，欧洲中世纪的农业经济是庄园经济，政治上就是分裂的，各地纷纷割据。中国古代很早就抛弃了庄园经济，走向小农经济，而小农经济带来的结果是社会阶层流动特别快，在这个基础上，才能加强中央集权，才能维持一个大帝国。小农经济带来的是政治上的统一性，庄园经济带来的是政治上的分裂性，这是农业社会的差异。

农业社会还有一种类型，即城邦。城邦在西亚和欧洲早期都有。所谓城邦，就是由一个中心城市控制周边的农村，成为一个独立的政权、一个小国。这类城邦比长春的吉林大学南区大不了多少，人口有几千人。我们非常熟悉的古希腊就是城邦制。

古希腊之所以能实行民主制度，即有事情公民都聚集起来讨论，大家表决，就是因为人少。全城妇女没有选举权，奴隶没有选举权，儿童没有选举权，剩下能参加选举的还有多少？

最后的表决方式也比较另类。一件事大家是赞成还是反对，不是通过举手来决定，而是喊一嗓子，看看哪边声音大。人少，这种民主才能实行。如果在中国，要将全民召集起来讨论一件事，在技术层面上是不具备可操作性的。

当时西亚的两河流域——幼发拉底河流域和底格里斯河流域，早期就是城邦，和欧洲的古希腊城邦一样，都属于这一范畴。这是农业早期不成熟时的一个体现、一个特点。

城邦的经济、政治都有其独特的地方，城邦体制很快就让位给领土国家。这个领土国家不是说一个城加上周边的农村就是一个国家了，而是一个国家拥有很大面积的国土，国土里面有很多很多城。换句话说，兼并了很多城邦，才出现了领土国家。

早期的城邦国家很快让位于领土国家，是因为实力不一样、国力不一样。早期的希波战争中希腊能打赢，在我看来是奇迹。波斯帝国是领土国家，拥有的领土面积很大，相当于今天的整个西亚，包括整个伊朗，还有部分埃及，就是这么一个大帝国，最后却没打败希腊，这是个例外。在正常情况下，城邦国家的国力有限，是打不过领土国家的。古希腊虽然打败了波斯帝国，在希波战争中获胜，但后来还是被马其顿给灭亡了。在希腊诸城邦北边的马其顿领土国家兴起后，把希腊兼并了，后来出现了一个伟人——亚历山大。亚历山大领导的东征灭亡了波斯帝国，建立了亚历山大帝国，在当时是很辉煌的。

领土国家最后必然要取代城邦国家，这是由国力决定的。中国很早就完成了这一转变。中国从夏、商、周开始，基本就是领土国家了，而且后来一直保持着领土国家的规模，这和取缔庄园经济是有关系的。

提到城邦国家，我觉得有一点值得我们思考。当今世界上有很多小国类似于城邦国家，如在西亚、非洲，有很多所谓的现代国家，跟城邦国家相似，这些国家只有一个像样的大都市，就是它的首都，除了首都之外就没有像样的城市了。比如说伊朗，首都德黑兰人口有 1000 万左右，占全国总人口的 1/7，全国第二大城市马什哈德，人口约 200 万，差距就这么大。那么它的经济发展模式跟当年的城邦是不是有类似之处？这些国家在世界经济领域有着怎样一种发展前景呢？或者我们说得更直白点，跟这些国家打交道，在经济上应该采取什么策略呢？

伊朗的经济发展路数跟我们是不一样的。简单举个例子，改革开放初期，我们是没有能力生产彩电的，所以我们的彩电都是进口的，但后来我们进口了生产线，能自己生产彩电了。最开始质量差点，进不了国际市场，只能占领国内市场。伊朗的彩电一律靠进口，从来就没有自己生产彩电的想法。因为它们进口生产线后，生产出彩电卖给谁呢？国际市场打不进去，国内市场又太小，就一个城。所以伊朗发展经济的路数跟我们是不一样的，因为思路是不一样的。

在我看来，现代城邦国家发展经济的思路，跟我们这种国土面积广大、人口众多的领土国家发展经济的思路是完全不一样的。无论向它推销什么生产线，它都根本不考虑。因为如果买生产线，很快就会饱和，而且自己生产比进口还要贵，所以干脆直接进口。

现在全世界有 200 多个国家，属于城邦这样的国家占 1/4 以上，和它们进行经济往来的时候，应该用什么思路是一个值得我们思考的问题。古代城邦国家的特点，在当代这些国家是有体现的，因此与这些国家的经济往来，跟古代城邦之间的经济往来是有相似性的，这是有历史经验可以借鉴的，对我们是一个启示。

世界至少 1/4 的国家和地区，其发展经济的思路跟我们是完全不一样的，这是由这些国家的规模、结构导致的。这些国家和地区不可能学我们，也学不来，所以他们另有一套自己的思路。要想跟他们进行贸易，换句话说，想要挣他们的钱，首先要知道他们的思路是什么。这才是最重要的。

古代的农业社会有财富积累方式，能带来一个充分的社会分工，而且有充分的贸易和互动，在这个基础上，发达的农业国家发展到一个临界点之后，就带来了社会的转轨，也就进入了下一个经济类型——工业型经济。

印第安人的农业

在精耕农业里，印第安人的农业是最不发达的类型。甚至有的学者直接就把它归到粗放农业一类了。把它归到粗放农业也有一定的道理，因为它有些特征符合我们前面说的粗放农业的特征，比如说刀耕火种。

但印第安人的农业有水渠，知道灌溉，而且在这个基础上形成了庞大的帝国，像阿兹特克帝国、印加帝国。因为这个原因，我把它归到精耕农业里，但作为精耕农业，它是很欠发达的。在白种人到来之前，印第安人的农业类型已经持续了很长时间，发展陷入瓶颈，进入一种停滞状态，直到现在也是如此。

印第安人的农业为什么突破不了这个瓶颈？答案就是缺乏动力。美洲大陆作为一个独立的大陆，跟亚、欧、非大陆长时间没有接触，只是独立发展。在美洲大陆，缺乏可以驯化的大牲畜，由此导致动力不足。我们今天如果宽泛一点说的话，也可以理解为能源不足。

另外，印第安人在技术上有缺陷。印第安人一直到白种人到来之前都没有进入铁器时代，主要工具还停留在渔猎采集社会那种石器、骨器、木器、青铜器时代。1492 年哥伦布发现新大陆时已经是 15 世纪末了，印第安人最先进的工具还是青铜器。中国的青铜器时代是商、周时代，在春秋战国以后就不用青铜器了，开始进入铁器时代。可见印第安人落后我们多少年。

可见，导致印第安人的农耕经济长期停滞，没有提高、没有发展的两个重要原因，第一是动力不足，第二是工具落后。

印第安人的印加帝国有些东西是非常先进的。比如，他们精准地计算出一个太阳年是 365 天零几个小时。现代考古学家发现了一些印加帝国的建筑残存，用石头砌的墙，石头与石头之间没有灰泥勾缝，两块石头之间连很薄的刀片都插不进去，可以说几乎没有缝隙。这说明他们对石头的打磨达到了非常高的水准，这个水平甚至我们今天用高科技手段都不容易做到。但是他们的技术是畸形的，在某些方面非常先进，可是没有铁器，导致工具非常落后。

我们今天经常讲的“科技”，是由“科”和“技”两个字组成的，实际上二者是两回事。“科”是科学，“技”是技术。细分的话，就是所谓的基础研究和应用研究。通俗地讲，应用的东西叫技术，非应用的东西叫科学。比方说，研究宇宙、天体、黑洞、太阳系、银河星系，这些叫科学，不是技术。而我们日常应用的这些发明创造叫技术，它可以直接改变我们的生活。

印第安人发达的是科学，技术并不发达，所以一直到最后都没有铁器，工具很落后、很原始。

印第安农业的启示

以史为鉴，我们不是为学经济史而学经济史，我们是要有所借鉴。如果一个国家既缺乏能源又缺乏技术，那么我们就可以肯定它的经济很快就会陷入瓶颈了。

我们看一个国家的经济是否具有可持续发展性，是否有发展的潜力，就看这两点——能源、技术。如果这两点都不占，那么这个国家的经济不管怎么折腾，都会陷入瓶颈，而且很难突破。

想想当今世界上既缺乏能源，又技术落后的国家，如离我们最近的东南亚各国，就能理解为什么东南亚各国要跟中国争南海油田了。南海发现油田之前，其归属问题的斗争好像没有这么激烈。但南海发现油田之后，它就一下子成为各国争抢的焦点。他们之所以和中国争，归根结底在于他们缺能源。他们本身技术落后，能源再缺乏的话，这个国家的经济就突破不了瓶颈。

当然，既有能源又有技术的国家也不多，二者居其一就能突破瓶颈了，但也许会陷入另一个瓶颈。举一个没技术但有能源的例子，沙特阿拉伯、阿联酋等海湾石油输出国，就是有能源而没技术的国家。这些国家除了有与石油生产提炼有关的技术之外，其他什么技术都没有，什么都不生产，但是人均 GDP

能排世界前几位，比中国高很多。

有技术没能源的呢？日本、韩国都是。这两个国家最大的特点是都依赖于进出口，进口原材料，加工之后再把成品卖出去。这样的国家受世界经济波动的影响非常大，必须进行对外贸易，国家经济才能搞上去，否则经济就会一下子衰退，所以它们对国际市场特别依赖。

技术和能源两个方面中，只有一个方面占优势的国家，经济是瘸腿的，其对世界经济有相当大的依赖性，能突破前面的瓶颈，但很快会陷入另一个瓶颈。典型的例子就是伊拉克，实际上，伊拉克资源条件是非常好的。西亚各国，要么有石油没有水，要么有水没有石油，只有伊拉克既有水又有石油。可是在被美国封锁之后，伊拉克经济几乎马上就崩盘了。

技术和能源两个方面都占优势的国家就是世界强国美国了。

那么中国呢？比较尴尬。有没有能源？有，但不怎么够用。有没有技术？有，但不怎么领先。所以中国的特点是什么？你封锁我，但不能让我的经济崩溃。中华人民共和国成立以后，美国对中国进行了经济封锁，我们能活下来，经济崩不了盘。但打开国门发展之后，这两个方面对我们的发展构成了一种制约。

中国在某种程度上也需要突破瓶颈。怎么突破？去追求能源是一个路子，另外一个关键是技术上要有新突破。国家这几年大力提倡发展新能源，就是要解决能源问题，接下来就是解决技术问题了。我们为什么扶植华为？因为华为有自己的技术。美国为什么打压华为？还是因为技术。美国不想让中国在技术方面有所突破，目的是控制中国。而中国恰恰就要在这个领域有所突破，这是双方矛盾的一个焦点。以史为鉴，我们对于很多问题就会有一个新的理解。

印第安人在白种人发现美洲之前，它有几个重要的文明地区，如在印加文明地区，建立了印加帝国；在阿兹特克文明地区，建立的就是阿兹特克帝国；还有玛雅文明地区——是印第安人经济、文化水平最高的地方，但全在一个非常狭小的地方。

从北美到南美，临近太平洋一侧海拔较高，这一线有高山，有山脉，但印第安的文明却局限在这个山脉以西，靠近太平洋的狭窄地带。为什么不往内陆发展？因为技术欠缺，没有铁器。没有铁器人类无法开垦热带雨林，这是技术落后带来的一个最重要的瓶颈。

这个狭小的印第安农耕经济区，被周边的渔猎采集型经济区包围着，它们之间形成不了良性互动。所以，虽然印第安农耕文明出现得比较早，但很快就陷入瓶颈，并长时间停留在一个非常低的水平。

总体来说，印第安农业长期停滞在较低水平，主要原因有两个：能源缺乏、技术落后。次要原因也有两个：一个是自然地理制约，另一个是周边地区没有能跟其互动的文化。所以说，它是最欠发达的一种农耕经济类型。

神奇的北纬 30 度线

前面已说过，四大文明古国都在大河流域。最早的尼罗河流域，主要是在尼罗河下游进入了农耕经济，但后来也丧失了发展的活力。这是因为尼罗河流域地域相对比较狭窄，并且封闭，周边地区不能跟它互动。我们清楚地看到，尼罗河流域是在红海、地中海、撒哈拉大沙漠中间产生的农耕文明，自然地理条件具有一定的封闭性。

两河流域的文明，是在幼发拉底河、底格里斯河下游冲积平原兴起的，周边是波斯湾、伊朗高原、高加索山脉、阿拉伯沙漠。两河流域的文明，面临和尼罗河流域同样的问题，即自然地理条件封闭而且狭窄。

印度文明早期产生在印度河流域，后来在恒河流域发展起来。印度河流域周边是伊朗高原、帕米尔高原、喜马拉雅山脉、德干高原，它的文明面临的问题和尼罗河流域、两河流域是一样的。

只有中国不同。中国是在黄河流域发展起来的，黄河下游的冲积平原和长江下游的冲积平原，自然地理环境不是封闭性的，可以充分展开，所以四大文明古国中只有中国绵延不绝发展到今天。

从宏观上看，学者们还指出一个共同特点，就是四大文明古国全在北纬 30 度左右，北纬 20 度到 40 度这个条状地带，把四大文明古国完全涵盖进来。也就是说，人类精耕农业发源地，或者说人类率先进入农业经济类型的地区，全在北纬 20 度到 40 度之间。这个条状地带往地中海延伸，就是爱琴海，就是古希腊——欧洲最早的农耕文明发源地。所以，北纬 20 度到 40 度之间，是欧亚大陆最早进入农耕社会的地区。

这种现象形成的原因可能是气候。在我们这个纬度，一年四季不管哪一天你出去都有影子，因为太阳是斜着照射的，所以只要站着就会留下影子。太阳从头顶上直接照射下来叫直射，直射时人的影子在自己的脚下。由于太阳直射点在南北回归线间移动，所以温度高，因此这片区域被称为热带。

还有两条线——北纬 66.5 度线和南纬 66.5 度线，也很重要。比这个纬度高的地区，有极昼极夜现象，叫寒带。介于寒带和热带中间的叫温带。中国的国土面积绝大部分在温带。

除寒带、温带、热带外，还有一个亚热带。亚热带是指南北回归线到南北纬 40 度之间的地方。这个地方离热带近，温度相对比较高，所以叫亚热带，和我们前面讲到的以北纬 30 度为中心的条状地带大体是重合的。也就是说，人类最早的农耕文明都出现在亚热带。这个区域每年的温度、四季的变化、降水等自然条件，都适宜发展农业。

最早的农业区为什么没有出现在北纬 40 度以上区域呢？这是因为那里年积温比较低，日照时间相对较短，早期农作物不容易成熟。今天，虽然农业经过了很多年的经验积累和发展演变，在高纬度地区种植没有问题了，但是也存在农作物生长时间的问题。目前，吉林省好像这个问题不严重，再往北，黑龙江省就有这个问题了。在黑龙江，开春若是种得晚点儿，没等到秋天作物成熟，降霜就把庄稼都打了，简单地说，就是庄稼还没成熟就被冻死了。早期这个问题尤其严重，因为农作物刚从野生改成人工培植。

早期的农耕文明出现在北纬 20 度到 40 度之间，一方面是气候的原因，另一方面就是土壤的原因了。这两个自然条件结合在一起，就在这几个地方出现了农耕经济，于是人类开始进入农业社会，这对后来人类历史的发展影响非常大。

我们所知道的，有文字记载的人类活动的舞台，主要是亚、欧、非大陆，而亚、欧、非大陆中最发达的地带就是北纬 20 度到 40 度之间。在古代，这个地带长时间是人类文明最发达的地区。

我们注意到，欧洲实际上不在这个纬度内，所以早期的欧洲是欠发达的。中国已经走向辉煌灿烂的时候，欧洲还是野蛮落后的地区。四大文明古国没有欧洲的，排第五位的应该算伊朗，也就是古波斯帝国。现在欧洲文化传遍世界，有辉煌灿烂的历史文化，是欧洲发展起来之后形成的。

当今世界的经济现象，即所谓南北现象，是指当代世界上经济发达的国家全在北半球，如美国、欧洲、日本、韩国等，而赤道以南，如非洲、南美，经济相对比较落后。我觉得原因应有两方面：第一，南半球陆地少，基本是海洋，所以先天不足；第二，从历史的角度来讲，四大文明古国全在北半球，所以北半球一直领先。

另外，从东、西半球来看，西半球有美国，剩下经济发达国家基本都在东半球。如果不考虑美洲大陆，历史上人类经济发达的地方，即所谓北纬 20 度到 40 度之间，全在东半球。换句话说，在历史上，人类经济文化一直处于领先地位的就是北半球或东半球。这是我们总结的一些规律。

除了美国之外，这个传统格局还没有完全被打破，传统格局以及历史对现实的影响还在。人类的现实不是凭空产生的，是历史一点点积累到今天的结果，所以我们在这里还能看到历史的影子。四大文明古国全在北半球或东半球，因此，今天这个地区还是经济最发达的地区。

中国农耕经济的怪圈

前面讲印第安人的农业类型是最落后的，中国的农耕经济是最发达的。我给中国的界定是，它将农耕经济推向极致。在全球范围内的农耕经济诸多类型中，中国这种农耕经济类型是最发达的。

中国古代的农耕经济可以分前期和后期。唐以前为前期，唐以后为后期。中国农耕经济的发展，也是循序渐进的，最后才达到极致。

唐以前的中国农耕经济，实际上有一个瓶颈，这个瓶颈就是单一粮食作物生产。我们今天说的农业，涵盖的内容很多，包括我们常说的农、林、牧、副、渔。但在唐朝以前，中国的农业主要就是种植粮食。无论是种水稻，还是种黍子、谷子，都是种粮食，基本不种别的。

唐之前，中国的农耕技术虽然已经很发达了，但经济陷入一个怪圈儿，即产业结构单一：只生产粮食，不生产别的。

一个新王朝建立初期，人口不多，统治者为医治战争创伤，一般都轻徭薄赋。而没有了战争，士兵都返乡从事农业生产，所以农村劳动力很充足。几年时间，农村就发展起来了，但只种粮食，所以农村发展起来的标志就是粮食过剩。接下来就进入太平盛世了，粮食都是特别便宜的。据古书记载，天宝年间的太平盛世，粮食最便宜时一斗才三个铜钱；汉代文景之治时，粮食一斗也就七八个铜钱。今天如果粮食过剩，可以外销，但古代因为交通运输能力所限，做不到外销。

粮食大量囤积，吃不了，那就酿酒吧，于是中国酒文化就发达起来了。太平盛世时，因为粮食过剩，导致人口膨胀。人口膨胀之后，因为耕地面积增长缓慢，导致农村相对贫困。原来一家四口种 100 亩地，日子过得挺丰润，可儿子结婚，有了孙子，到孙子那辈儿，家里就有几十口人了，再靠着 100 亩地，日子就过得紧巴了。农村相对贫困，就导致出现流民——失去土地的农民。日子过不下去之后，农民就把土地卖了，开始四处要饭。中国古代一旦有流民大量出现，就意味着这个王朝已经出现了危机，所以要马上进行改革。但因为没有足够的耕地，怎样改革都触及不到根本，治标不治本，最后，流民问题还是解决不了。

当然，不仅是人口膨胀，还有大地主兼并土地。日子过不下去，农民就把土地卖了，地主把土地都买去了，流民只能四处要饭。当要不着饭的时候，流民就去偷窃，统治者出面镇压，流民若跟统治者武装对抗，就转化为农民起义。走到这一步，王朝就面临崩溃了。

社会中一旦出现大范围的农民起义，统治者就开始动员各地的地方官员，并给他们权力，让地方官组织部队想办法去镇压。这就产生了两个可能：一个是地方军阀没能战胜农民起义军，最后农民起义军把这个朝代颠覆了，像李自成就把明朝颠覆了；另一个是地方军阀把农民起义军镇压下去了，像汉朝末年的农民起义——黄巾起义，就被军阀镇压下去了。镇压农民起义军之后，由于这些地方官员在战斗中积累了大量部队，掌握了地方实权，于是开始不服从中央政府的约束，就出现了地方割据。这就是军阀割据、军阀混战的开始。

我们最熟悉的《三国演义》，说的就是在镇压黄巾起义之后，出现了军阀割据、军阀混战。曹操、袁绍、刘表、刘备，他们之间相互厮杀，都想统一中国。

从镇压农民起义开始到军阀混战，到最后有一个强大的军阀胜出，将其他地方割据势力全部消灭，重新建立起统一的政权。

新政权刚刚建立的时候，人口会比以前减少很多。不仅是由于长期的战争导致人口减员，还有瘟疫。战争导致尸体不能及时掩埋而引发瘟疫，以及粮食减产，很多人死去。总结为一句话，人口锐减的主要原因是战争、瘟疫、饥饿。所以，从镇压农民起义到军阀割据，再到新政权建立，人口会锐减，地广人稀，老百姓又都有地了。

新政权建立的时候，经济上都是残破不堪的。例如，汉王朝初建的时候，国家经济惨到"自天子不能具醇驷，而将相或乘牛车"，意思是想凑四匹一样颜色的马给天子拉车，都凑不出来，将相只能坐牛车上朝。经济已经到崩溃的边缘了，统治者也认识到了这个问题，所以就大力发展经济。而发展经济的措施就是降低税收，让士兵复员回家从事农业生产，政府分给农民土地。原来的地主都死了，还有大量的荒地，谁开垦出来就是谁的，且不交税，这样没有几年经济就恢复过来了。

之后，粮食丰收，有大量的剩余，可以养活更多的人，而且还需要劳动力，于是大家就都多生孩子，导致人口膨胀，接着又出现流民，又出现农民起义，又是军阀割据，又一个新政权建立。中国早期历史就是进入这么一个循环怪圈，背后的根源实际上是单一粮食作物种植结构，这是农业产业结构所面临的巨大问题。

从人口的角度来讲，中国作为世界上国土面积最大的国家，在唐以前（包括唐朝），人口始终不能破亿，就是因为陷入了这个怪圈儿。农业基本上就是生产粮食，不干别的，而统治者又提出一个口号，叫耕战立国。统治者觉得，国家要强盛，有粮食就行，粮食够吃，就能养活更多的人口，人口多，劳动力就多，部队人员就充足，国家就强大了。出于这个原因，统治者也在有意加强这种以单一粮食作物种植为主的农业经济类型。

唐以前的历史给我们的启示是，农业绝对不能搞单一粮食作物种植。另外，古代是由于战争、瘟疫、饥饿使得人口大量减少，从客观上带来人口与耕地之间的平衡。那么，进入 21 世纪之后，如何保持人口与经济之间的平衡呢？这就是需要我们思考的问题了。

中国农耕经济的极致

到了宋朝，我们从之前的那个怪圈里走出来，这和发展海外贸易有关。唐以前丝绸之路就存在，但是唐以前的丝绸之路主要是陆路，宋代开始，海上丝绸之路发展起来。

海路贸易的商品主要是大宗日常用品。从宋朝开始，中国的海外贸易达到了一个新高度，向国外卖的都是瓷器、丝绸等，当然还有其他的，如铁钉、雨伞、折扇等日常用品。海外贸易大宗出口的商品，不管是瓷器还是纺织品，都是手工业产品。

随着大量手工业产品的外销，直接拉动了手工业的发展。手工业发展之后，随之而来的就是商业的发展。手工业和商业发展起来之后，还能拉动第三产业，即服务业。

当然，这些发展的前提条件是粮食得够吃。对外贸易为什么到宋代发展起来了呢？因为江南稻作农业成熟，水稻产量非常高，可以养活很多人，允许有大量人口不从事粮食生产，而从事其他职业。

海外贸易拉动手工业生产，手工业者队伍开始扩大，而手工业者需要交换，所以商业规模随之扩大。手工业和商业的从业者都需要服务业，而服务业的发展，又带来城市的扩大，城市变成经济中心，城市的职业分工就变得越来越细。

职业分工越细，才能提供越多的就业机会。所以，随着手工业、商业、服务业的发展，中国出现了很多作为经济中心的大城市。大都市里职业分工越来越细，就提供越来越多的就业机会，把农村多余的人口吸引到城市里。到城市里有打工的机会，农民就不留在农村了，这样就解决了农村的贫困化问题，前面说的怪圈儿也就被打破了。

例如，一家 4 口人依靠 100 亩地生活，而到了孙子辈家里人口多了，已经是 25 口了，但在农村种地的还是 4 口人，剩下的 21 口人去城里了。有的在城里给人修鞋，就属于手工业者；有的在城里给人跑堂，就属于服务业者；还有的在城里做小买卖，等等。城市提供更多的就业机会，吸纳农村多余的人口，保持了农村相对的富裕。总人口在增加，但农村人口没有增加，还是那些人守着这些土地，日子过得相对富裕，就有了购买力。国内购买力在提升，国内市场也在提升。

到宋代，打破了此前的历史循环怪圈，走向另一种发展方向。城市吸纳了农村多余的人口，保持了农村的相对富裕，农村对手工业产品拥有了购买力，进一步刺激了手工业的发展。农民富裕了，就没必要自己在家纺织、做衣裳，而是可以直接买衣服了，这就刺激了手工业的发展。但是农村若是贫困呢？买不起，只好自己在家做。例如，过去东北地区家家都自己做酱，现在谁家还做酱？不是不吃酱了，而是买现成的了。过去家家腌酸菜，现在谁家还腌？基本都买酸菜了，这就打造了一个新的产业。因为购买力上来了，能扶植出一个产业，这个产业就能提供更多的就业机会。

按上述发展模式，就形成了一种良性循环，手工业、商业的发达，拉动服务业的发展，然后城市扩容，提供更多的就业机会，吸纳农村的多余人口，保持农村的相对富裕，农村人口拥有的购买力进一步刺激手工业、商业的发展，这就进入了一个良性循环。

直到南宋，中国的农耕经济一直呈现这样的良性循环局面，可以说发展到了极致。如果在此基础上再往前突破一步的话，就会形成一种新型社会、一种新型经济结构，而不再是农业社会。可是我们在宋代发展到了这个临界点后，却没能完成转型。

宋代发达的市场经济

宋代的商品经济发展到什么程度？夸张点儿说，跟今天比都不落后。举几个例子，今天我们吃螃蟹有专门经销大闸蟹的店，而宋代就有专门的蟹行。宋代职业分工非常细，细到有专卖店。南宋首都临安，就是今天的杭州，当时有专门的胭脂店。宋朝时职业分工的细化程度，我们现在都做不到，甚至出现了一些服务业小吃的品牌。比如“宋五嫂鱼羹”，是一家专卖鱼汤的店，这家店非常有名，宋高宗赵构去吃过。宋代酒店还有租赁业务，比如要请客，想要排场，可家里的条件有限，那就可以跟酒店谈，出一笔钱，酒店会派厨师带着全套的金银器皿到家里服务。可见那时候商业经济已经发达到相当高的程度。

宋代市面上已经有冰镇饮料出售，而唐代以前只有大贵族才能享受冰镇饮料。唐朝皇帝三伏天时把大臣召进宫，赏一碗冰镇酸梅汤，那是无上荣耀。

宋代非常发达的市场经济，导致了中国城市格局的一大变化。

中国城市格局在唐代以前（包括唐）和以后是不一样的。唐朝首都长安城里的建筑相当规范，大道两旁分割成方方正正的居民区，叫作坊。坊是有墙的，坊里的居民只能从坊门出人。朝廷规定了坊门的开关时间，坊门关闭之前还没进坊门，那就回不去家了。唐朝首都不管白天多么繁华，到晚上都得回家，不能待在外面。根据城市规模的大小，坊数多少不一定。唐朝首都长安有 108 坊，东都洛阳有 103 坊，小城市可能只有 4 个坊，但是都有坊墙。

这种结构对经济发展是有影响的。城里的买卖都在指定地点，叫作坊市。在唐朝首都长安，西市、东市是做买卖的地方，其他地方是居民区。东市中国商人居多，西市外国商人比较多。坊里没有做买卖的，只是居民区。现在某些小区跟唐朝的坊有类似之处，小区里什么都买不到，买东西要开车出小区，生活极不方便。现在有个词叫“街坊”，就是从这里来的。

唐代的马路笔直，大街两侧都是坊墙，比较压抑。这就是唐代以前的中国城市格局。简单点说，唐以前中国的城市更多的是发挥政治军事职能，而不是经济职能。换句话说，唐朝以前的城市更多的是作为政治中心、军事中心而存在，而不是作为经济中心而存在。因此，唐朝以前商业贸易包括服务业都不发达。

到了宋朝就完全不一样了。最有名的《清明上河图》中就没有坊墙了，街道两边都是门市房，人们就在街道两边做买卖。史学界专门有一个词形容这种变化，叫“破墙开店”。垒上坊墙耽误商机，把坊墙推倒开店，这是宋代城市结构的第一大变化，也是商业、服务业发达的体现。

破墙开店之后，朝廷在城市管理上取消了宵禁，已经没有“门”了，晚上再下令几点关门就没有意义了。北宋都城已经出现了昼夜营业的店铺，这跟唐朝的城市格局截然不同。有两句诗形容北宋的首都汴梁：“忆得少年多乐事，夜深灯火上樊楼。”“樊楼”，是当时北宋首都汴梁相当有名的大酒店，楼高四层，在当时绝对算高层建筑，登到第四层，基本上能把首都景色尽收眼底。这两句诗写北宋诗人年轻的时候，在首都汴梁有很多好玩的去处，以及半夜三更的灯火辉煌，酒店营业到后半夜。

从唐代到宋代，城市格局出现了天翻地覆的变化，破墙开店只是一种体现。夜生活丰富了，店铺的营业时间不受限制了，城市人口越来越多，城墙里住不下，居民开始向城外扩散，这就导致战争格局出现变化。一打仗，守方第一件事是先把城外居民迁进城里，把城外的房子拆掉，敌军来了之后，便不能利用城外的建筑攻城。

农村出现草市，即市集，也是经济贸易发展的一个体现。最开始，农村集市是有周期的，后来随着经济的发达，有周期的集市已不能满足人们的需要，最后发展到天天开市。以前商人带着商品卖完就走，如今天天开市这样就太折腾了，于是就盖个店铺，这样草市逐渐发展成一个镇子，而镇子是以商业为依托的。到了南宋，很多作为商业中心的镇，比上面管它的县城还大，县城一般才 1 万多户人口，有的镇却有 4 万多户人口，这都是南宋时出现的变化。

南宋首都汴梁人口过百万，但南宋不仅仅只有这一个大都市。据现代学者统计，南宋人口在 1 万到 10 万的城市，恐怕不少于 300 个。刚才所说的镇可能已经过千了，已经形成一个很完整的金字塔形的城市格局。虽然宋朝在打仗方面不行，打不过金朝，但是宋朝非常有钱。

现代学者研究表明，宋朝的商业税、海外贸易税都可能是中国的历史之最，后来的明朝、清朝都没它多。宋朝打不过北方的辽、金，皇帝就花钱买和平，在宋朝皇帝看来，舍出两州的税收就够买和平的了。

北宋有一个趣事。“澶渊之盟”时，北宋派曹利用出使大辽谈判。曹利用出行前向皇上请示他最多可以答应给大辽多少钱，皇上说 100 万。寇准在外听到后，对曹利用说，皇上虽然授权 100 万，但如果超过 30 万，回来后就会治他罪。因为有寇准的“威胁”，曹利用就以 30 万为上限谈判，最后还真谈成了。曹利用回来之后跟皇帝汇报时，皇帝正在用膳，于是派小太监问许诺给辽朝多少钱，曹利用就伸出三根手指示意。小太监误会了，对皇上说，他伸三根手指，可能是 300 万吧。皇上脱口而出说太多了，但过了一会儿，又说 300 万能了事也行。曹利用在外头听见了皇帝和小太监的对话，进来汇报时再三请罪，说自己许的是 30 万，把皇帝高兴坏了。后来曹利用飞黄腾达，升官特别快，就和这件事有关系。

这个小故事说明一个问题：宋朝皇帝有钱，钱不都是靠农业税、土地税得来的，宋代的商业税、海外贸易税也很多，是历朝历代都比不了的。

宋代经济没落的启示

在宋代，中国经济发展出现巨大的变化，产业结构面临着转型，如果按照这个方向继续向前推进，中国可能就会脱离农业社会，进入另一种社会类型。当然，未必就是西方那种现代工业社会，至于会是什么社会那就不知道了。问题是到宋代以后，这个良性循环趋势被打断了。

这里面的原因，我认为是多方面的。首先，人口突破了临界点。唐以前人口从来不过亿，因为经济陷入怪圈，一直恶性循环。到南宋人口突破了 1 亿，但还在可承受范围之内。到了明朝就达到了 1.5 亿，到清朝时突破 4 亿。直白点说，经济增长速度赶不上人口增长速度。

当时，虽然城市可以提供更多的就业机会，吸纳农村剩余劳动力，保持了农村的相对富裕，是良性循环的前提，但人口增长速度太快，城市能提供的新增就业机会没有农村新增人口多。打个比方，城市每年能提供 300 万个就业机会，农村新增人口 600 万，城市就无法全部接纳了。城市没有那么多就业机会，剩余人口不得不留在农村，导致农村贫困，国内市场需求萎缩，进一步导致手工业萎缩，商业萎缩，服务业萎缩，这样中国的经济就进入了一个恶性循环。

宋朝以后，中国出现了人口史上的一个特别的现象——城市人口占总人口的百分比持续下降。不是说中国城市人口越来越少，而是总人口越来越多，分母越来越大。到明清时期，中国的城市人口只占总人口的 8%。这种现象到中华人民共和国成立都没有改变，改革开放之后这个现象才被打破。城市能够提供就业机会了，农村人口大量进城，城市人口占总人口的百分比才逐年上升，然后出现了所谓“空心村”问题。这实际上是经济发展的一个标志。

20 世纪 90 年代末，中国城市人口占总人口的百分比甚至低于西亚、非洲很多国家。当然，这有特殊原因——中国人口基数大，其他国家总人口太少。例如，伊朗总人口为 7900 万，首都德黑兰人口为 1100 万，一个城市的人口就占了全国总人口的 1/7。前面讲了，伊朗这种畸形发展，类似于古代的城邦，它是经济结构畸形发展的体现，不值得我们效仿。

我们应该去追求那种金字塔形的城市布局，即一个地区有一个超大规模的城市，下面有几个二级城市、三级城市支撑着。这种金字塔形布局才是合理的，才是经济产业结构比较合理、比较正常的布局。同时，这也是我们看一个国家或一个地区经济发展是否正常的重要参数。不看 GDP、大数据，就看这个地区的城市结构是不是金字塔形，如果是金字塔形，说明这个地区经济产业各方面是良性发展的，是经济发达地区；如果不是，那么它的经济肯定有问题，是经济落后地区。

为什么说东北地区经济落后？以吉林省为例，在吉林省，长春市是第一大城市，那第二大城市呢？它的经济跟长春差距多大？长春这个大城市下面有几个支撑它的二级城市？可以说，吉林省的城市结构不是金字塔形。看一个国家、一个地区的城市结构，很容易看出其经济是不是良性运转。

宋代的经济良性循环没有持续下去，原因之一是人口迅速增加，突破了临界点，致使经济发展走向了另一个方向，进入了恶性循环，导致城市人口比例下降了。

第二个因素，是我们前面谈到的能源问题。到了宋代，江南地区的稻作农业已经发展起来，人口密度相当高，直接导致江南森林消失。从宋代开始中国南方就没有森林了，华北平原也没有了，中国大部分森林都被砍光了。到明朝郑和下西洋的时候，修宝船需要大木料，但整个江南提供不了那么大的木料，只得到越南原始森林伐木头。船的造价很高，是因为木料运过来非常难。

能源出现问题，当然也跟人口增长有关。江南森林被砍光，不是皇帝盖宫殿了，而是老百姓需要大量烧柴。美国学者提出一个观点非常有意思，认为中国人烹饪技术之中的炒菜是从宋朝开始流行的，因为能源稀缺，没有柴火，炖不了菜了，改为省柴的煎、炒、烹、炸。先秦时期，内地有大量森林的时候，古人用的器皿是鼎，那么厚的鼎，要把它烧热至少需要两捆柴火。所以早期有炖菜，后来不再炖菜，是因为烧柴无法满足供应。

南宋首都临安，当时有人口 100 万，每天的烧柴得从周边地区运进来，这就说明江南地区出现了能源紧张问题。这是第二个导致宋代经济走向恶性循环的原因。

第三个因素，我觉得是产业结构的问题。前面我们提到，宋代打破了此前的那种单一粮食作物生产的怪圈，最主要的是靠手工业、商业来拉动。但是有一个问题，那就是手工业的原材料往往与农业无关，所以它不能从本质上改变农业的产业结构。举个例子，棉纺织业的原材料是棉花，棉花要在农村种，农村不种粮食改种棉花，产业结构就改变了。可瓷器的原材料是土，跟农业没有关系。到了宋代，农村开始种植经济作物，比如种棉花、种桑树养蚕、纺丝绸等。因为很多手工业的原材料跟农业没关系，不能从本质上改变农村这种产业结构，所以农村还是在大量生产粮食。产业结构在某种程度上依赖手工业的发展，如果手工业产品销不出去，销量萎缩，那么经济就会直接被打回原形。

第四个因素跟政府政策有关。宋朝以后中国走向闭关锁国，禁止海外贸易。宋朝是大力发展海外贸易的，但明清两朝则是限制海外贸易的，甚至是禁止的。禁止海外贸易以后，不能进行出口贸易了，手工业就开始萎缩，导致经济走向另一个怪圈。

总之，在宋代的时候，中国农业已经把这种经济类型发挥到了极致，中国马上就要走到一个临界点，形成一个新的经济类型，但遗憾的是，中国最终没能完成这个转型。明清两朝闭关锁国，中国重新成为一个纯粹的农业国家。这一切跟人口的高度膨胀有关。在清代，人口突破了 4 亿，经济转型已不可能。因为首先得考虑怎么养活这 4 亿人，所以一切能开垦出来的土地，都被开垦出来，种上了粮食，最后带来水土流失等环境问题。

中国古代的丝绸之路

古代中国是一个相对独立的区域，跟外界的联系并不多，但是对外贸易始终是有的，这就是非常有名的丝绸之路。德国地理学家李希霍芬最早提出“丝绸之路”这个说法。所谓丝绸之路，是指中外贸易路线，之所以冠以这么一个名字，是因为这个贸易路线上最大宗的、最具代表性的商品是丝绸。

最标准的传统意义上的丝绸之路，是从汉唐两代的首都长安出发，经河西走廊进入新疆之后分三条路线，叫南、中、北三道，进入中亚之后又重新合并为一条，然后通过今天伊朗的马什哈德，到伊拉克的巴格达、地中海沿岸，从地中海沿岸走到今天土耳其境内，经安纳托利亚高原、小亚细亚，越过达达尼尔海峡进入欧洲，但走陆路进入欧洲的路线在当时不是主要的。中国的货物到达地中海沿岸之后，主流是装船，通过地中海运往欧洲各地。最开始，学术界提出“丝绸之路”这个概念指的就是这条路线。

后来，丝绸之路的概念越用越宽泛，代指所有中外贸易路线。再后来，把经过中国西南地区联通南亚、东南亚的贸易路线叫西南丝绸之路，通过海上的贸易路线叫海上丝绸之路，越过黑海、里海以北的贸易路线叫草原丝绸之路，还有东北亚丝绸之路。于是，“丝绸之路”就成了对外贸易之路的代名词了。

需要强调的是，丝绸之路必须是中外贸易路线，如果这个贸易路线仅在中国境内，绝对不能叫丝绸之路。

最传统意义上的丝绸之路，是沟通中国与中亚、西亚和欧洲的。自然地理条件决定了丝绸之路在新疆分为三路，新疆境内有两大山脉——昆仑山脉和天山山脉，中间是塔克拉玛干沙漠。高山和沙漠没办法通行，所以丝绸之路进入新疆之后分成三路，即沿着昆仑山北部行进的南路，沿着天山南部行进的中路，沿着天山以北行进的北路。这就涉及另一个问题——交通运输能力。

新疆和中亚地区的农业，是另一个类型的农耕经济——典型的灌溉农业，也叫绿洲农业。这个地方降雨量非常小，靠天降雨种不了地，绿洲农业依靠高山雪水来灌溉。昆仑山、天山的高山积雪融化，变成雪水流下来。高山雪水形成的是内陆河，流着流着就没有了。靠流下来的水来灌溉农田，形成一小块绿洲，这是绿洲农业、灌溉农业。丝绸之路之所以这么走，就是要依靠这些绿洲做中转站。商队的补给、商人的食物、牲畜的草料，都依靠绿洲供给，因此商队沿着绿洲一站一站地走，这是丝绸之路形成的地理原因。

新疆到中亚这一区间都是灌溉农业——绿洲灌溉农业，修水渠灌溉是它的特点。虽然先秦时期中国农业就已经修水渠用来灌溉，如都江堰，但它在总耕地面积中所占的百分比是不大的。如果靠降雨，吐鲁番三年才下一次雨，发展不了农业。

传统丝绸之路后期被破坏跟蒙古西征有关。蒙古西征的时候在中亚屠城，造就了很多死城，这不仅对经济造成了冲击，还使水渠遭到破坏。

水渠是一个庞大的灌溉系统，成网式分布，不是一天两天可以建成的，往往要经过几百年的时间才能形成一个庞大的水渠网。这个水渠网支撑着绿洲农业，没有这个水渠网，绿洲农业就崩溃了。蒙古西征导致水渠网被破坏，并且因为打仗没有人去维护水渠，水渠淤堵或者崩坏，从而对中亚的绿洲经济产生了致命的影响。

绿洲农业崩溃之后，传统丝绸之路沿线的中转站就消失或者萎缩了，导致传统丝绸之路运输能力下降。原来有发达的绿洲农业时，大规模的商队从这儿经过是可以提供补给的，就是1500 头骆驼到达，绿洲也能提供相应的补给。可是水渠遭到破坏后，绿洲萎缩了，补给能力也就下降了，渐渐地传统丝绸之路开始萎缩。

当然也有自然地理方面的原因。中亚、新疆的气候是持续干燥的。但古代时不像今天这么干燥，随着内陆湖泊的逐渐消失，这些地方越来越干燥。新疆最有名的罗布泊，以前是一个很大的内陆湖，因为这个地区的气候在持续干燥，现在消失了。

自然地理及气候的原因，加上战争导致的人为破坏，使得绿洲农业萎缩。绿洲农业的萎缩限制了它的交通运输能力，这是传统丝绸之路衰落的重要原因。传统丝绸之路最繁荣的时候就是汉朝到唐朝。

草原丝绸之路是从蒙古草原北方直接通往莫斯科、伊斯坦布尔，然后到达整个东欧。在黑海、里海以北，沿着蒙古草原前进，通过哈拉和林（当年蒙古人统治的中心），到达今天中国东北的西南部地区的丝绸之路，被称为草原大通道，也叫草原丝绸之路。

海上丝绸之路，就是海上交通路线，后来郑和下西洋大概就在这个范围之内。

丝绸之路前后期有巨大的变化，前期以陆路为主，后期以海路为主。产生这种变化的原因有两个。第一，陆路交通运输能力萎缩；第二，也是更重要的原因，即中国造船技术、航海技术的改善。早期为什么不能以海路为主呢？因为造船技术不过关，航海技术不过关。

“造船技术”和“航海技术”是两个概念。先说造船技术。早期的造船技术很差，一遇风浪颠簸，船就碎了，所有货物沉入海底，商人血本无归。别说货物不能回本，人甚至都不能回来，谁还敢走海路？再说航海技术。所谓航海技术，指的是掌握洋流规律、季风规律、导航技术、气象知识、航线的开辟等技术知识。所谓早期航海技术不过关，指的是上述技术不过关。

举个例子，早期没有指南针，这就导致早期的航行必须沿着海岸线航行，依靠海岸线和岸上的标志定位，一旦走向大洋，没有了陆地就找不到方向了。所以早期航海能去的地方比较有限。后来逐渐发展出了导航技术，如依靠星象导航，这是以天文学的发展为前提的。以北极星定位，使用指南针，航海才具备了向大洋深处远航的条件。

掌握洋流和季风的规律也非常重要，因为当时的帆船主要靠风力航行，风向不对就无法前进，如果再遇到暴风多发的时期，那就更是灾难性的了。

唐朝的时候，日本不断遣使来中国，在当时叫遣唐使。现在历史学家研究遣唐使发现，日本派使臣来唐朝，在海上出事的概率接近 50%。究其原因，就是因为当时的人还不了解中国东部海域的季风和洋流规律，经常在风向最不顺的时候出海，所以说直到唐代，日本的航海技术都不过关。当然，日本当时的造船技术也不过关，这就导致遣唐使需要冒很大风险。

有个故事说一位遣唐使到中国来，来的时候，航行还比较顺利，但从中国回去就出事了。好在他抱着一块碎木头在海上漂移，最后终于着陆了，结果却漂到了越南。遣唐使从越南又回到长安，无论如何也不肯走了。后来，天皇再派遣唐使就出现了拒绝出使的情况。天皇封一个人为遣唐使出使中国，但这个人宁可辞官不干，也不出使中国，就是因为风险太大！

朝廷派遣的使团都是这种状况，民间商船的状况就更差了。所以，早期丝绸之路以陆路为主，海路为辅。

唐朝以后，造船技术、航海技术都过关了，丝绸之路就改为以海路为主了。而且海路的运输能力比陆路强得多，还可以降低运输成本，这是问题的关键。有学者做过估算，一艘中等大小的海船运的货，如果用陆路运输至少需要 1500 头骆驼来驮，由 1500 头骆驼组成的骆驼队，在陆路丝绸之路基本上是不可能通行的，绿洲提供不了那么多补给。还有一个问题，得需要多少人管理 1500 头骆驼？而海运的另一个优势，就是海船用的人力少。

另外，陆路运输需要多次搬运，用骆驼驮，晚上过夜卸下来，早上再驮上走，这样货物很容易破损。海船是一次性搬运，在中国港口装上船，到了目的地才卸下来，中间不再搬卸，既节省了人力，货物也不易破损。

总之，海运比陆运具有优势，其中最关键的是，海运运输能力强，能一次性运很多，这样单个商品承担的运输费用就降下来了。

运输成本的下降，导致前后期丝绸之路出口的商品出现了本质性的差异。早期的丝绸之路，商品主要是奢侈品。原因很简单，运费高。在中国很普通的商品，运到欧洲加上运费，就不是普通人买得起的了，只有贵族才能买得起，因此就变成奢侈品了。奢侈品贸易与老百姓没关系、与国计民生没关系，对经济发展的影响是极低的。

陆路运输因为需搬运多次，且距离远、时间长，就要求货物必须是能长期保存的，必须是体积小、重量轻的，必须是容易分割的，必须是奢侈品、能大规模加价的，受这些因素的限制，可进行贸易的商品范围就很小了。运水果？不可能。从长安出发，走 3 个月才能到中亚，水果早就烂了。运粮食？倒是不烂，可是太重，运费承担不起。另外，体积大的也不行，为什么？体积大的一只骆驼驮不了。

所以陆路丝绸之路只能进行奢侈品贸易。从境外往中国运犀角、象牙、珍珠这类奢侈品到长安，只能卖给达官贵人，老百姓消费不起。从中国往境外运丝绸。丝绸在中国也不是普通老百姓穿得起的，有钱阶级才穿丝绸，普通老百姓穿麻布。

随着造船技术、航海技术的发展，海上航行的安全系数提高了，可以运送以前陆路运不了的商品。比如，以前走陆路用骆驼驮，所以瓷器就无法运输，但用海船就可以了。自从海上丝绸之路兴起之后，中国的瓷器开始大量出口，并逐渐成为中国对外贸易的主要商品。

海运的运量大，能降低成本，可以把一些老百姓能消费得起的东西卖出去。这是前后期丝绸之路的最根本区别。早期以陆路丝绸之路为主，后期以海上丝绸之路为主，这不仅是一个走海路还是走陆路、路线和途径的区别，最重要的是经销的商品出现了本质性的变化。

景德镇就是在以海上丝绸之路为主时发展起来的。北宋五大官窑到了南宋全面衰落，只有景德镇一枝独秀，发展成为瓷都，这与景德镇的地理位置有关。景德镇跟东南沿海几个港口距离都很近，用于出口的瓷器几乎都是景德镇生产的，甚至景德镇已经生产一些专供出口的产品。比如套瓷，即大盆里套中盆，中盆里套小盆，小盆里套大碗，大碗里套中碗，中碗里套小碗，这一套能套十几个。这是为出口专门生产的，因为这样可以节省运输空间，运量大。

中国早期的对外贸易有租赁制和股份制。不是每个商人都拥有自己的船只来进行进货、运输、销售的。没有船的商人想从事对外贸易就得在别人的船上租赁一个舱位，按面积收费。还有的是几个人共同出资建一艘船，销售货物回来把赚到的钱按比例分红。当时租赁制和合股制都有了。租赁面积有限的小商人就会思考如何在有限的空间里尽可能多地装货物。这时就发现，景德镇的瓷器能够大的套小的，同样的空间装的货多，装满了货，上面还能睡人。景德镇设计这种套瓷就是为了满足海外贸易的特殊需求。

总之，海上丝绸之路发展起来之后，对外贸易销售的就不只是奢侈品了，也有了日常用品。出口日常用品拉动了中国的手工业，刺激了商业、服务业的发展，使宋代经济进入转型期，这是后期丝绸之路对中国经济的影响。

丝绸之路中间商引发的思考

早期的丝绸绝对是奢侈品，一直到公元 2 世纪，在罗马的市场上丝绸还与黄金等值，同等重量的丝绸可以换同等重量的黄金。据罗马自然学家普林尼的估计，因为与东方的丝绸贸易，罗马每年大概流失黄金 42.5 万镑。最后罗马元老院禁止丝绸贸易跟这也有关系，大量贵金属外流已经引起了国家管理者的重视。1 磅折合 453.593237 克，按今天的市价 1 克黄金 500 元左右计算，42.5 万磅相当于人民币 964 亿元。这个贸易额度放在今天好像没什么，但按汉朝 6000 万人口计算，这个人均值还是相当惊人的。为什么这条贸易路线叫丝绸之路？由此可见一斑。

但是，好像中国古代黄金也没有增长，那是什么原因导致的？现代学者研究认为，罗马人用黄金买丝绸，但这笔黄金没有流入中国，而被西亚截留了。古代的丝绸贸易，并不是中国商人把丝绸一直运到罗马，而是一站一站地进行转口贸易。中国商人把丝绸卖给西亚的商人，西亚商人再销往欧洲。结果，西亚商人把丝绸卖给欧洲的时候，向欧洲收的是金银等贵金属，但他们和中国商人贸易的时候，却不是用金银，而是用当地的土特产品而且主要是奢侈品，来和中国商人交换丝绸。西亚盛产各类宝石、犀角、香料、象牙等，他们用这些东西跟中国换丝绸，然后把丝绸卖到欧洲换黄金，最后导致黄金大量沉积在西亚和中亚，而没有进入中国。

西亚截留大量黄金的用途，第一个是用于铸币。这涉及货币和金融学，当时，西亚流通的货币是金币、银币。中国流通的货币是铜钱，因为我们没有那么多的金银。第二个是做金银器。古代中亚、西亚金银器流行，凡是贵族人家、有钱人家都有成套的金银器。中国古代流行的是瓷器，连皇帝都不用金银器而是用瓷器，只不过皇帝用的是特殊烧制的，质量好一点。

在东西方贸易中，欧洲大量金银东流，进入西亚、中亚，被铸造成金币、银币或者金银器，留在了当地，而没有进入中国。对照现实思考并参悟一下，我们会发现，中国作为丝绸的原产地，赚的还不如中间商多。

西亚贩卖中国产品做转口贸易，赚的比我们原产地多，最后导致的结果是，西亚人干涉中国人的外交，不想让中国和罗马发生直接接触。道理很简单，如果中国和罗马直接进行贸易的话，西亚不能再发挥中间商的作用，就拿不到巨额利润了。这才是东汉甘英出使大秦受到干扰的根本原因。

班超派甘英出使大秦，大秦就是今天我们说的罗马帝国，结果走到西亚的时候就被当地人给骗回来了。为什么西亚欺骗中国人，不让中国人出使罗马？经济方面的主要原因是，不能让原产地和最大的销售地直接见面，否则中间商就没有赚头了。所以，小国为了保证自己的利益，一定不希望两个大国直接会谈。

我们今天在进行贸易时还是要注意这一点，这是历史的经验教训。西亚既不会养蚕，也不会缫丝，但是人家比我们赚得多，掌握独家技术的生产者，所赚利润竟然比不上从事转口贸易的中间商！转口贸易带来的财富价值是非常大的。那么今天的我们是不是也应该做一些相应的思考？

“一带一路”的内涵

丝绸之路对我们今天的影响，这个大家都清楚。国家提出的“一带一路”倡议，标准的解读叫丝绸之路经济带和21世纪海上丝绸之路，简称“一带一路”。所谓“一带”，是丝绸之路经济带，这个是指陆路，就是前面说的传统丝绸之路的陆路覆盖的地带。而“一路”，是21世纪海上丝绸之路，指的是海路，和我们前面讲的古代的海上丝绸之路有相似之处，但不完全是一回事。

现在说的“一带一路”，并不是历史上的海上丝绸之路和陆上丝绸之路的简单叠加，它们的内涵是有差别的。所谓的丝绸之路经济带，涵盖很广，实际包括传统上最早的丝绸之路、草原丝绸之路、东北亚丝绸之路、西南丝绸之路。传统丝绸之路通过今天的新疆进入中亚之后，走帕米尔高原，可以向南进入印度，当年唐僧取经走的就是这条路线。

所谓的丝绸之路经济带，就是古代亚欧大陆经济最发达的地区，四大文明古国所在的区域基本都包括在内。

今天我们又提出一个“21世纪海上丝绸之路”的概念，而这个“一路”，大体是传统的海上丝绸之路所覆盖的地区。回忆一下前面谈到的东半球、西半球的划分，可以知道我们今天所提倡的“一带一路”，涵盖了传统意义上的北半球和东半球。

我们今天提的“一带一路”，涵盖了整个历史上人类经济文化最发达的所有地区。当然，不是覆盖全部经济发达地区，美国在西半球，“一带一路”不包括西半球，也就不涉及美国。

按丝绸之路官网下载的数据，我们现在说的“一带一路”所包含的地区，目前覆盖人口 44 亿，经济规模约 21 万亿美元，占全世界经济的 29%；一共有 26 个沿线国家和地区，货物和服务出口占全世界的 23.9%，涉及世界经济的 1/4。现在“一带一路”覆盖的地区，GDP 大约才占全球总量的 1/4，但是其覆盖区域所拥有的人口却占全球总人口的 63%。要注意，人口同时就是消费者，由此可见，这一地区的潜力还没有充分发挥出来。如果经济规模和人口规模成正比，那这个地区的体量就太可观了。

“一带一路”合作计划是中国提出来的，以中国为主导，所以一旦发展起来，中国将会是最大的受益国。我们从“一带一路”的角度来看，中国的经济发展方向关键是在海上。“一带一路”涵盖非洲，所以我国这几年跟非洲互动这么多，就是“一带一路”题中应有之义，是一个必然结果。所以，中国的对外贸易很可能在未来迎来新的增长点。

对于“一带一路”，我们可以看出中央在大力打造，但同时我们也要注意别人是怎么破坏的。东南亚各国现在为什么普遍跟中国关系紧张？南海争端，争夺能源只是其中的一个原因，背后还有美国的影子。美国为什么要挑唆南海周边各国跟中国对抗？如果南海周边各国跟中国彻底闹翻，那么南海这条海上丝绸之路就走不通了，海上丝绸之路被掐住，后面的经济和发展就统统没有了，这就是问题的关键。

美国有政策，我们也有对策。作为应对，我们提出“一带一路”，不是只有“一路”，也不是只有“一带”，而是连接传统的西南丝绸之路和穿过中亚的丝绸之路。我们要建成两个经济通道：一个通往巴基斯坦，一个通往孟加拉国，把印度夹在中间。因为印度和我国的关系不太友好，中国周边国家中与中国关系最好的应该是巴基斯坦。

我们要通过这种方式构建一个新的对外贸易通道：走西南陆路，通过巴基斯坦、孟加拉国，再走海路。这样就绕过了南海，东南亚地区的局势就不能对中国对外贸易造成特别大的影响了。

还有一点，从地图上看，通过西南走巴基斯坦或孟加拉国的路线，比传统走南海、东南亚、马六甲海峡的路线，距离明显要短许多，这条路线一旦能够顺畅运输，也许会缩短运输时间、降低运输成本。

总之，“一带一路”不仅仅是提出一个区域合作的口号，或者是在特定区域内加强区域经济合作的问题，还涉及中国对外出口商品的运输路径和运输方式的改革问题，要想真正有所突破，就必须在商品运输路径方面进行突破。

“一带一路”是一个宏大的贸易规划，它的实施对区域经济发展有着深远的影响。中国在改革开放之后，传统上的经济中心在东南沿海，是要走南海这条海路的，但如果我们打通了上述两条通道的话，西南云贵地区的经济将会直接被拉动。传统的陆路丝绸之路，运输能力取决于绿洲农业，今天虽然受自然地理条件的制约相对小了，但运输能力仍是一个问题。从这个角度去看，有机遇，也有困境。假如真的把丝绸之路经济带打造起来的话，那么中国西南地区、西北地区的经济肯定会得到拉动，中国西部大开发就会上一个新的台阶，这是毫无疑问的。但是能不能做到，取决于运输能力。

我们不是要从这条路派个团出访，而是要把货物运过去，在我看来，现在的运输能力是远远不够的。简单地说，如果中国西南、西北地区，特别是丝绸之路沿线地区，运输能力得不到大幅度提高的话，其他一切都无从谈起。

我们现在的运输能力不能说没有问题。西南地区多山，地形复杂，受自然地理限制，运输能力本来就很差。关于西北，前面提到了传统丝绸之路的萎缩，运输能力也差。所以在我看来，要想真正把这条通道打造起来，恐怕制约我们的瓶颈正是运输。如果运输能力得不到改善，那么丝绸之路经济带很难达到预期效果，最后只能依靠一个海上丝绸之路。而从现在的发展趋势来看，我们为改造这个地区的陆路运输能力所做的工作并不多，而是把重点放在了海上。所以要讲商机、投资方向，好像跟着海上丝绸之路走，可能相对稳妥一些。

古今丝绸之路的启示

说到非洲，就涉及我们前面讲的一个问题，非洲国家大多数类似于古代的城邦国家，即一个国家只有一个像样的城市——首都，统领着一大批农村，地区差别特别大，贫富差距特别大。前面我们说发展需要具备两点，一个是能源，另一个是技术。目前，这两点非洲还都不具备，现在要跟非洲做买卖，能否支撑我们发展，这是一个问题。

在我看来，“一带一路”可能是一种新的机遇，但是要想真正把这一倡议落实，难度是很大的，绝对不是一蹴而就的。我们陆路运输能力需要提升，海路主打的对象非洲又是这么一个状况，没有办法跟我们进行经济互动。换句话说，非洲即使把所有的出口都给中国的话，也拉不动我们两个城市的经济。所以这件事在我看来难度是非常大的，这是我们从历史反观现实得出的结论。

历史对现实还有哪些启示呢？不光是运输能力的问题。我们今天的海上和陆上跟古代是一个格局吗？这是需要我们反思的。

自从造船技术、航海技术改善之后，贸易肯定是以海路为主，因为运费低。可是到了当代，随着高铁技术的成熟，这种格局会不会有新的变化？陆路贸易会不会重新复兴？现在陆路交通运输的成本降下来了，而且最大的优势是速度快。另外，奢侈品贸易“上天”——既不走海运，也不走陆运，全是空运。现在很多事情得考虑新的因素。对于奢侈品贸易，我们能花得起钱，都是空运，而且从中国内陆运输来讲，不仅是奢侈品贸易，现在很多日常东西好像也有走空运的趋势。在京东、淘宝上买的东西，很多是航空快递过来的，就是明显的例证。空运是一个新的因素。

有了这些新的因素、新的变化，我们再去综合考量运输能力，和考察古代时就不完全一样了。我们需要考虑以下几个参数：陆路运输得到改善，会不会与海路构成竞争？陆路运输的重新崛起具有什么优势？空运在这里又扮演了什么角色？在运输里面处于什么地位？或者说，在运输能力这块蛋糕里面，空运切多大一块？上述一切对我们的经济会产生哪些影响？这些都是需要我们重新考量的。

所以，我们现在思考这个问题就要相对复杂一点，这样对当下的中外贸易，我们才能有一个准确的把握和认识。这才是了解现实，这才是以史为鉴。学历史，不能学死了，要学会变通。当代社会跟古代社会不一样了，不仅要从古代吸取经验，还得反观现实，这才是我们应有的思路。

无论怎样，需要思考的核心问题仍是运输能力，这一点没变。贸易离不开运输，古代是，今天也是。古代就因为运输能力，导致丝绸之路前后期产生巨大的差异——前期是奢侈品贸易，后期是日常生活用品贸易。那么，今天这种运输能力的变化，会给中外贸易带来什么新变化？会对产业带来什么新的冲击？后期丝绸之路走海路之后，对中国的产业结构产生了很大冲击，直接拉动了中国的手工业，导致宋代经济出现了巨大的变化，这一幕会不会重演呢？我们今天提出的“一带一路”倡议，或者说海上贸易，或者说空运的发展，给我们今天的经济、产业结构会带来哪些影响和冲击？对我们每一个从事商业的人，对企业家来讲，你的商机又在哪里呢？这是我们应该思考的。

印度的农耕经济

四大文明古国里的古印度，是一个很早的农耕文明产生的地区。在哈拉帕和摩亨佐达罗这两个地方，现在都发现了古印度早期的城址，是最早的印度河文明的发源地。从现在的考古发现来看，这两个地方的文明是比较发达的，当时的城市已经存在下水设施。

英国伦敦是到近代才有下水设施的，有了下水设施后，尤其是抽水马桶出现之后，出现一个巨大的问题：下水设施中的污水、污物全排往泰晤士河，导致泰晤士河被污染了，一度变成“臭河”。今天的泰晤士河，是后来经过治理的结果。我们把近代早期的英国和印度进行一个对比，就能发现印度的城市是比较先进的。

中国改革开放之后经历的环境问题，实际上西方都经历过。环境污染问题也是西方在工业社会之后经历过的，只不过西方的工业化进程经历了两三百年，诸多环境问题是在这两三百年间逐渐出现的，也逐渐得到治理，因此好像问题并不十分严重。最重要的是，在治理早已完成的当代，除了历史学家，还有几个人记得西方曾经出现过这类问题？中国在改革开放以后，用四十年的时间走完了西方用了两三百年才走完的路。西方在两三百年的时间里遇到的问题，中国却在这四十年中非常集中地遭遇了，这使他们觉得中国的问题似乎特别严重。实际上，并不是中国的环境问题特别多，而是我们出现得集中，集中的原因是我们的发展速度快。

早期的印度文明出现在印度河流域，后来才发展到恒河流域。印度文明的标志——佛教，就产生在恒河流域。印度和中国一样存在过经济重心转移的过程。我们前面讲到，中国早期经济重心在北方的黄河流域，农业采取的是单一的粮食作物种植，导致它形成一个怪圈、一种循环。后期江南的稻作农业成熟，中国经济重心转移到南方，到南宋时开始脱离了这个怪圈，中国农耕经济达到了巅峰。

印度文明早期的经济重心在印度河流域，后期转移到恒河流域。和中国一样，早期印度河流域的农耕是以旱作农业为主，而经济重心转移到了恒河流域以后，则以稻作农业为主，这一点跟中国非常相似。

从粮食作物的角度讲，早期的印度农业、经济中心在印度河流域的时候，主要种植的作物是麦类，而恒河流域主要的农作物是水稻。从印度河流域一直往西到欧洲，粮食作物都是以麦类为主，到恒河流域才改以水稻为主，这就导致了人们饮食结构的变化。

小麦一般要磨成面粉食用，所以从印度河再往西，各地都是以面食为主，欧洲人的主食是面包，也是面食。但是，中国农耕经济和西方有一定的差异，中国北方的旱作农业也种小麦，但种植量最大的是所谓的粟，即小米。早期中国北方以小米为主食，从小米发展到江南的大米，中国人的主食始终是米饭，面食相对少一些。这是东西方饮食方面的巨大差异。

印度文明的经济重心转移之后，很快印度河流域的稻作文化就达到了极致，进入巅峰。这和中国长江流域的稻作文化类似，不过其发展过程比中国早。印度河流域的稻作种植达到巅峰之后，其经济逐渐进入一个停滞状态。

导致印度经济停滞的原因是什么呢？现在看有两点可能是比较重要的。第一，印度流行种姓制度。全体人民分四个种姓，也就是社会分为四个阶层，由高到低排列，依次是：婆罗门，简单说就是宗教职业者，他们的寺庙拥有大量的地产，属于富有的贵族阶层；刹帝利，是武士阶层，也属于统治者阶层；吠舍，普通劳动者；首陀罗，地位最低，一般从事一些服务业。这四个种姓之间是不通婚的，而且居住地都不在一起，彼此不来往，这是古代印度特有的制度。这种种姓制度导致它的社会阶层是封闭的。这也是导致印度经济停滞的很重要的原因。从事农业生产的主要是吠舍阶层，而这个阶层始终是被统治的。

相较而言，中国古代后期社会阶层是流动的，特别是宋代。中国有一句俗话，叫“富不过三代”，形容的是社会的上层也会跌落至社会的下层。而中国古代科举制的作用，就是让社会的下层通过科举考试也有可能进入社会的上层，因此宋代有句俗话“朝为田舍郎，暮登天子堂”。而印度的社会阶层是封闭的，婆罗门世世代代都是婆罗门，刹帝利世世代代都是刹帝利。这种封闭的社会阶层是不利于经济发展的。

第二，和这种社会阶层的封闭性有连带关系，即印度始终存在大庄园，这种庄园经济一直持续到近代印度成为英国的殖民地之前。

中国实行土地自由买卖后就没有大庄园了。中国魏晋南北朝以前有大庄园，尤其是南朝。“旧时王谢堂前燕，飞入寻常百姓家”中的王家、谢家是头等高门。那时候，一个庄园里就能包括两座山，面积相当大，而且庄园可以是封闭的、自给自足的。大庄园有很多依附民，就是依附于贵族和庄园主的农民。依附民跟奴隶不一样，奴隶丧失了人身自由，但是依附民只是在一定程度上丧失了人身自由。依附民不能随意迁徙，得跟着这个庄园主，但本质上是自由民，可以有自己的财产。

唐以后，因为土地的自由买卖，庄园逐渐消失。大地主还是有的，但他的土地不集中在一起。这种土地的自由买卖，对经济发展是有推动作用的。

印度的农耕经济陷入停滞可能还有一个原因，就是其自身的产业结构存在问题。印度早期的农业产业结构，不是像中国那样单一的粮食作物种植，印度始终种植经济作物。印度是最早的棉纺织发达地，中国的棉纺织发展相对比较晚。

因为印度发达的棉纺织业的原料是棉花，所以农村大量的耕地用于种棉花。它的产业结构不是单一的粮食作物种植，手工业的原材料需要农村种植来供给。中国到宋代时手工业迅速发展，但其原材料跟农业没关系，这是我们的一个短板。印度最发达的手工业就是棉纺织，因而需要农村种棉花，这就使它的产业结构相对来讲是合理的，而且能自我运行、自给自足。这也是导致印度经济封闭性的一个重要原因。在某种程度上，也使印度的农业很快就陷入瓶颈，进入了停滞时期。

印度和中国同样是稻作农业，印度却没有经历中国早期因单一粮食作物种植而导致的恶性循环，这是发展对外贸易的结果。印度可以向海湾地区出口粮食，而中国后来陷入怪圈，最主要的原因就是我们这种经济的封闭性，使得我们没法对外出口粮食，都是本地消耗，所以生产多了就便宜。而印度靠印度河运输，一直是水运，装船运到海湾地区，运费很低。

两河流域的农耕经济

印度再往西是两河流域，即幼发拉底河、底格里斯河流域。这个地区以种植小麦为主，有经济作物，还有畜牧业。幼发拉底河、底格里斯河的农业出现得很早，但它是河流灌溉农业。

两河流域灌溉农业与中国是不一样的。中国虽然也有灌溉，很早就开始修水渠，但主要还是靠天吃饭。靠灌溉解决用水的耕地，在中国耕地总面积里占的比例是比较低的。幼发拉底河、底格里斯河流域这一比例则比较高。前面我们讲丝绸之路的时候提到过，从中国新疆一直到中亚，是高山雪水、内陆河流灌溉，形成灌溉系统——绿洲农业。但两河流域的灌溉农业，是靠幼发拉底河和底格里斯河来灌溉的。

这个地区的农业发展起来之后，很快进入一种稳态结构，没法突破，也进入了一个瓶颈。原因是很快形成了一种区域之间的分工，当然这也和两河流域地域狭小有关。前面已说过，四大文明古国中另外三个文明古国，后来没发展起来的原因是地域狭小，中国之所以发展起来是因为有广大的平原，地域辽阔。

凡事有利亦有弊。中国因为地域辽阔，想形成区域内的分工相对比较难；西亚不一样，因为地域狭小，很快就形成了区域之间的分工。幼发拉底河、底格里斯河流域，主要在今天的伊拉克境内，地域相对比较狭小，以精耕农业为主，很快和周边地区形成了区域之间的分工。

两河流域的西边是一系列山脉，越过山脉是地中海沿海平原，那里有港口，通过地中海可以沟通欧洲各地。北部安纳托利亚高原有发达的畜牧业，伊朗高原也有畜牧业，南面的阿拉伯半岛还有畜牧业。所以，两河流域的农耕经济很早就出现了区域之间的互动和区域之间的分工合作。在这样一个状态下，该地域的农耕经济进入了一种平衡状态，达到一种稳态结构，没有再往前推进和发展。

另外，西亚也始终存在着庄园经济。我们知道的奥斯曼土耳其帝国，即今天土耳其的前身，是西亚最后一个地跨亚欧非的大帝国。一直到奥斯曼土耳其时代，西亚还实行土地国有化，还有采邑制度。有学者统计，当时国有土地的面积能达到总耕地面积的 87%。另外，一些清真寺附属的大地产，是不能买卖、不能分割的。这种宗教地产，专有一个名词叫“瓦克夫”，是属于私人捐赠，即人死之后将家里的土地捐给清真寺，土地上的收益归清真寺支配，但附加条件就是，这家世世代代做这块地的管理者。这种模式是不利于经济发展的，所以奥斯曼土耳其后期的改革无法推进，被西方列强侵略乃至瓜分。

尼罗河流域的农耕经济

尼罗河流域的农耕经济是在尼罗河下游冲积平原上发展起来的精耕农业，靠着尼罗河灌溉，因此受制于地理条件相当严重。

和其他灌溉农业的最大区别是尼罗河定期泛滥。洪水泛滥，会把原来的农田淹没，洪水退去后，上游的冲击泥沙就积淀到这儿，使得尼罗河附近的土壤非常肥沃。所以，早期尼罗河流域的农业不用考虑施肥问题。

还有一种说法，古埃及人的数学，特别是几何，是在这个基础上发展起来的。每年尼罗河一泛滥，地表的一切全部被冲毁，洪水退去后土地需要重新分配，人们会记着自己家的那块地在什么方位，大概多大，呈什么形状，然后再重新丈量土地，重新划分。所以，古埃及人的几何学充分发展起来了。还有人说，古埃及人的天文学得以发展，是因为古埃及人需要预测尼罗河泛滥的季节。总之，这些都跟尼罗河有关系。

古埃及的农业是靠尼罗河灌溉发展起来的，也受制于尼罗河，因此有一种说法：尼罗河不泛滥，埃及就要发生灾荒；尼罗河必须定期泛滥，若是连着几年不泛滥，土壤肥力就没了，再种植粮食就会减产，尼罗河流域就面临灾荒。古埃及的农业是和尼罗河捆绑在一起的。

古埃及的农业很快进入发展瓶颈期，最主要的原因就是受尼罗河制约。还有一个原因，就是尼罗河流域耕地面积无法扩大。尼罗河东边是红海，北边是地中海，西边是撒哈拉沙漠，耕地面积没法扩大，就得守着这条河。在正常年份，尼罗河是很守信用的，定期泛滥，能保证这个地方的农业始终处在一个较好的状态。中国人靠天吃饭，埃及人靠尼罗河吃饭，是一样的道理。

四大文明古国就是精耕农业最早发展的四个地域，在这四个地域里，只有中国把农耕经济发展到了极致，其他三个文明古国衰落了，很重要的原因是支撑它的农耕经济很快陷入了瓶颈期。因为无法突破，导致经济长期停滞，因此就一直停留在这个水平上。可以这么讲，公元前 3 世纪这个地方是什么样子，到了 13 世纪还是什么样子。

希腊的农耕经济

欧洲文明起源于古希腊。和我们今天说的希腊不一样，古希腊地区由半岛和岛屿组成，中间围绕着的海域叫爱琴海，所以，希腊文明也被称为爱琴海文明。欧洲最早进入精耕农业的是这个地区。

希腊在古代不是一个国家，就是在一个狭小的地域里，存在着若干个城邦。古希腊地区最发达的时候据说有四百多个城邦，由此可以想象古希腊的一个小国能有多大。古希腊的农耕经济是在城邦的基础上发展起来的，自然地理条件给它带来了严重的制约，因为这个地方不适宜发展农业。要么是半岛，要么是岛屿，平原少，可耕地少，适宜发展农业的地方不多。日本古代实际上也是这个状态。岛国都面临这个问题。

现代学者研究，古希腊地区的耕地产出的粮食不足以养活当地的人口。作为解决方案，古希腊地区从很早就开始种植经济作物，最典型的经济作物是橄榄。橄榄榨油，卖了之后换粮食。自然地理的限制使得古希腊形成一种特殊的农耕经济类型——始终是粮食作物种植和经济作物种植齐头并进，不是单一的粮食作物种植。

种植了经济作物，随之而来的就有一些配套的手工业。种橄榄，就得榨油，由此产生了配套的手工业。另外，为了买粮食，也必须发展手工业。早期的雅典，既是古希腊最有名的城邦，也是一个发达的手工业城市，靠出售手工业产品换粮食。上述种种是希腊受自然地理条件限制的不得已的选择，这种制约最后反而成就了它，使它的产业结构相对丰富。

中国古代走向单一粮食作物种植，其根源就在于自然条件太好了，太适合种植粮食作物了，因此就全种粮食，最后的结果是非常贫困。希腊因为土地不够用，种粮食也不够吃，就种植经济作物。所以我们应该反思：东北地区为什么经济发展不好？是不是因为自然条件太好了？黑土地适宜种粮食，风调雨顺大丰收，然后就不干别的了，人就产生了惰性。

古希腊城邦由于自然地理条件的限制，导致了产业结构的多样化，反而成为它后来发展的一个优势。我们可以理解为，因为想要换粮食，就要把手工业产品卖出去，再把粮食买回来，因而就得发展贸易。希腊地区发展贸易具有得天独厚的优势——靠海，可以水运，远距离贸易运费便宜。还有一点，爱琴海处于岛屿和半岛环绕之中，所以常年风平浪静。

中国早期海上丝绸之路发展不起来的原因是，航海技术不过关，造船技术不过关，经受不住海上的风浪。若海上没有风浪，造船技术差点儿也没什么问题。爱琴海大多数时候是风平浪静的，现在去希腊旅游仍旧可以发现，海面平静如镜。帆船运动也是在这儿发展起来的。

爱琴海地区的粮食不够吃，便向埃及购买粮食。它们之间离得很近，而且这一带海域又比较平稳，所以早期这个地区的贸易就发展起来了。爱琴海古希腊地区发展起来之后，向外殖民，周边很多地区都是古希腊的殖民地。北非这边儿相对较少，因为是腓尼基人的殖民地。

腓尼基人发源于地中海东岸，是当时和希腊人构成竞争关系的商业民族，它也建立了一系列的城邦和殖民地。因为粮食不够吃，人就得往外走。腓尼基人的殖民地主要在北非，最著名的就是迦太基，后来罗马对迦太基发动了三次战争，史称三次布匿战争，最终打败了迦太基，称霸地中海。

希腊和腓尼基两个民族已经在环地中海地区获得稳定发展，这是后来罗马帝国得以建立的基础。

罗马帝国的农耕经济

腓尼基人和希腊人，这两个民族的经济有一个共同的特点，就是农业都是欠发达的，都以商业、手工业来弥补农业的不足，因此才建立殖民地，因为本部和殖民地之间可以有密切的贸易联系。由于这两个民族的迁徙，环地中海地区一直到黑海沿岸，已经被囊括在一个经济区域里，它们之间存在着密切的贸易关系。

希腊和迦太基奠定了环地中海区域的经济基础，早在罗马帝国建立之前，环地中海地区的经济就已经是一种复合型的经济了。农业只是其经济的一部分，此外还有发达的手工业、商业，这些组合在一起构成一种特殊的产业结构。

从今天的角度看，这种产业结构相对来说是有发展潜力的。中国以单一粮食作物种植为主的产业结构是没有前途的。在农业社会产业结构就有优劣之分，那么今天呢？这是值得大家去思考的问题。

在这个基础之上形成的罗马帝国，其强盛时期是环整个地中海发展的。由于早期希腊人和腓尼基人的奠基，导致罗马的经济和希腊人、腓尼基人的经济是相似的，产业结构也是多方面的，而不是单一的粮食作物种植。

尼罗河流域、幼发拉底河和底格里斯河流域、爱琴海古希腊地区，早期这几个精耕农业的中心，全让罗马帝国涵盖进来了。在一个帝国、一个政权的统治之下，这些地区的贸易就更加发达了。

尼罗河流域被称为“罗马帝国的粮仓”，罗马帝国欠缺的粮食都是从尼罗河流域的古埃及进口的。后来罗马帝国分裂为东、西罗马，前面我们讲到的那几个早期农耕经济中心，全在东罗马境内。因此当日耳曼人打过来，冲入罗马帝国时，西罗马帝国灭亡了，但东罗马帝国挺住了。东罗马帝国后来也叫拜占庭帝国，因存在了一千年，号称“千年帝国”。为什么同样面临日耳曼人的威胁和进攻，西罗马帝国崩溃了，而东罗马帝国却能一直延续下去？很重要的原因是，前面讲到的这几个经济中心全在东罗马境内。

现在学者普遍认为，罗马后期的经济衰落跟大地产有关。罗马早期是小农经济，到罗马帝国后期土地逐渐被集中到少数人手里，然后建立大农庄。罗马后期开始有大地产，农庄经济是罗马经济开始衰退的重要原因。这一点与西亚和南亚类似，经济衰退的重要原因都是大农庄的出现。

罗马帝国灭亡之后，日耳曼人在欧洲建立了很多由日耳曼人统治的小国。在这个基础上，逐渐发展，建立了今天欧洲的各个国家。从历史分期上讲，这一时期叫作欧洲的中世纪时期。

分封制度下的城堡经济

在西罗马帝国灭亡之后、文艺复兴之前这段时期，被称为欧洲的中世纪时期。基督教在中世纪达到鼎盛，欧洲全民信基督教，教会的势力凌驾于皇帝之上，是所谓的教权高于皇权的时代。

整个中世纪时期有千年左右，在这段时间内欧洲的经济是停滞不前的。在讲这一时期的经济状态前，首先必须了解这一时期欧洲的封建制度。

所谓封建制度，在欧洲最早是指一种层层分封的体制，即封建大领主将自己控制的地域分封给自己的属下，在自己的封地范围内，领主拥有各方面的全权，还可以将自己的封地再一次分割，分封给自己的属下。这种层层分封体制是中世纪欧洲政治方面的最大特点。“封建”这个词最早就是指欧洲的中世纪。

各级领地都是实行嫡长子继承制，也就是大地产不能分割，整体由嫡长子继承。嫡长子继承家业，其他儿子出去自找门路，一般是给别的领主当骑士。最终发展成为欧洲的骑士制度。

有人说，日本的武士道精神跟骑士精神是有相似性的，但实际上差别很大。从骨子里来讲，骑士制度是有一种浪漫主义色彩在里面的，不太切合实际，而日本的武士道精神是相当残酷的。

骑士靠着服侍领主立功获奖励，最常见的是出去打仗、立军功，然后领主封给一块封地（采邑），这个骑士便有了自己的领地，也就成为领主了。最小规模的采邑，就是一个城堡加上周边的土地。领主住在城堡里，周边这一片土地都是他的，有为他耕作的农民。每个城堡在经济上都是独立的，跟外界不怎么来往。这就决定了这些城堡在政治上很难统一，不是统一几个大贵族就可以的。这种制度使得欧洲政治上长期处于分裂状态。

欧洲中世纪的农业，以一个城堡为中心，土地被分成几块，分别属于不同的领主，领主城堡周边的土地由农民来耕作。因为领主给农民提供土地，所以农民要提供劳役服务，农民不仅要种自己家的，还要到领主的那块地上去免费干活。城堡里的一切杂役也都由农民义务完成，农民大多数时间都在领主的地上干活，这怎么能促进经济？怎么能提高劳动生产率呢？

中世纪时欧洲实行轮耕制。中国不实行轮耕制已经一千多年了，欧洲却还在实行轮耕制，靠休耕保持土壤肥力，由此可见其农业技术的落后。

以一个城堡为中心，这块小地方就形成一个自给自足、自我封闭的经济单元，对外没有贸易。农民不仅要提供劳役服务，还要交纳各种乱七八糟的税。由于全民信奉基督教，农民要交给教会十分之一的收成，这叫“十一税”。在封闭的经济单元里，什么事情都在内部解决。例如，农民种麦子，要用水磨把麦子磨成面。每个城堡的领主都有水磨，农民要磨麦子，必须用自己领主的水磨，由领主制定收费标准。还有很多类似的费用，总之一句话，不管用什么都得给领主交费。再加上前面提到的轮耕，靠休耕来恢复土壤肥力，因此粮食产量很低。本来收成就有限，还要交给教会十分之一，再交些杂七杂八的费用，农民就没什么了，所以欧洲中世纪的农民是很穷的。中世纪欧洲的贸易停留在较低水平，原因就是广大农民没有任何购买力。

农民的生活就是自种自吃，自己种点儿地，这一年能够自己吃就不错了。对于农民来说，面包太奢侈了，经常吃不上。

古代欧洲的面包是分白黑两种的。白面包就是面磨得比较细，麸子都去掉了，烘焙出来是白的，只有贵族才能吃得起白面包。普通老百姓吃的面包是黑的，即面磨完之后，麸子都在里面，为的是加重分量，如果不够吃，就往里掺点儿别的，如黑麦、燕麦，把这些东西都掺在一起，做出来的面包又黑又硬。就是这样的面包，若是能天天吃上，那就是富裕农民了。有时候，需要把麦子稍微打磨一下，加上各种野菜熬粥，这样对付俩月，才能赶上新粮食下来。因此说，当时欧洲的农村和农民穷到这种程度，根本没有购买力。

当时的普通领主也不富裕。大领主还行，因为控制的土地面积广，收的税多；小领主土地少，控制的农民少，每年收上来的东西是有数的，也不富裕。那个时候的小领主也就是靠自家土地的收成过日子，偶尔吃顿肉，也就是农民交的实物税。那时候，农民交税都交实物而不是货币，经济是相当落后的。这就是欧洲中世纪的农业经济。

较低的人口数量

我们放眼当时整个欧亚大陆，最富的是中国，然后是南亚、印度，接着是西亚、北非、尼罗河流域到东罗马帝国。整个欧洲大陆，包括英、法、德这几个后来的强国在内，在当时是比较穷的。

欧洲中世纪时经济是相当落后的，后来欧洲大陆发展成为工业社会，是怎么迎来发展契机的呢？穷则思变。因为欧洲经济落后，养不起多余的人口，所以当时的人口数量始终比较低，这是欧洲的一大优势。当中国的人口已经接近 1 亿的时候，欧洲的总人口可能也就五六千万。中国国土面积 960 万平方公里，整个欧洲 1040 万平方公里，面积差不多，但人口数量相差巨大。奥斯曼帝国作为地跨亚欧非的大帝国，鼎盛时期人口不超过 5000 万。欧洲人口数量始终比较低的原因就是粮食不够吃。

欧洲人口数量低的另外三个原因是战争、瘟疫、灾荒。比如欧洲历史上最严重的一次瘟疫是黑死病，导致全欧洲人口减员大约三分之一。另外，欧洲当时是分封制度，小国特别多，现在欧洲有 40 多个国家，这还是合并之后的结果，在历史上欧洲国家更多。举个例子，在德国统一之前，在那片土地上有好几百个小诸侯国，因为政权太多，所以战争频繁，而且战争持续的时间很长，最长一次是英国和法国之间的英法百年战争，断断续续打了116年。战争、瘟疫、灾荒，使欧洲人口一直保持在一个低水平，这给后来的欧洲发展带来契机。中国后来没有突破农业经济，很重要的原因是人口增长的速度超过了经济增长的速度。

近代早期，欧洲经济迎来一个发展契机，就是所谓的三圃制。农业出现了技术上的变革，土地不再靠撂荒来恢复土壤肥力，而是靠变更作物种类来恢复土壤肥力。比如，今年种小麦，明年种花生，用这种方法恢复土壤肥力，三年为一个周期，所以叫三圃制。这是一个代名词，实际上有些比较发达的地区，农民已经琢磨出十圃制，即这一块地年年种不同的作物，十年为一个周期。不论是三圃制还是十圃制，土地都可以一直耕种，不用再通过休耕来恢复肥力了。这直接导致欧洲耕地面积翻了一番还多，原来撂荒的土地都得到利用，这使得欧洲经济发展了很多。

三圃制最大的特点，是农作物种类相当丰富。比如，种完麦子种花生，种完花生种土豆，这样穿插种能提高土壤中氮肥的含量。这种制度一方面取消了土壤的休耕，使得耕地面积翻了一番还多；另一方面使农业产业结构变得相当丰富。

这个新契机使欧洲的农业进入了良性循环。农作物种类多，一方面使农民的生活富裕起来，农民的餐桌开始丰盛；另一方面，经济作物可以为手工业提供原材料。欧洲人还大量种草，这是恢复土壤肥力的一种方法。种草可以喂牲口，因此在取消休耕之后，欧洲农村的畜牧业养殖变得发达。牲畜能为农村提供动力，可以用于运输，还能给农民提高额外的收益，比方说养奶牛可以卖奶制品。牲畜数量增加之后，牲畜的粪便进一步增进了土壤的肥力。总之，取消休耕之后，欧洲农业进入良性循环，这个良性循环的结果是欧洲农村开始走向富裕。从饮食结构上还导致一个结果，欧洲普通人消费的肉食比中国人要多很多。可以说，中国只有在改革开放以后，肉类消费水平才逐渐接近欧洲的水平，在古代，我们从来没赶上过。古时候，中国人不能吃到很多肉，没有地方养牲口是最主要的原因，因为人口密度太大，土地全得种粮食。

我们做一个简单的换算。人类的食物归根结底都源自太阳能，即靠阳光、叶绿素。植物生长结出果实，人直接吃植物，中间没有其他能源消耗。但是吃肉的话，得先有植物生长，动物吃植物，再把动物杀掉吃肉，这中间多了一个消耗能源的环节，能源损失百分之九十以上。这超过百分之九十的能源用在了动物的生存活动上。换一种表达方式，就是同样面积的土地，如果人直接吃植物，能养活的人口是靠以动物为生的人口的 10 倍。

欧洲之所以肉食消耗量始终比较大，跟人口数量低有关系，人口数量高的话也供应不起。

新型城市的崛起

从近代早期开始，欧洲经济出现了变化，或者说迎来了发展的契机。欧洲农业取消了土地休耕，带来一种新型的产业结构，使农村经济进入良性循环，这种良性循环带来了畜牧养殖业的发展。农村开始相对富裕之后，就有了购买力，然后开始出现了新型城市（不是古代的那种城市）。

最开始，中国的城市是作为政治、军事中心存在的，并不是经济中心。古代欧洲也存在着类似状况，其早期所谓的城市都是政治中心，但到了近代早期出现了一种新型城市，这种城市从最开始兴起的时候，就是以发展经济为目的而存在的。

在欧洲中世纪的采邑、封地、城堡结构中，领主管理着周边的农民，农民受到压迫，要交很多税，干很多活儿，日子过得很艰难，于是有些手艺人就离开了，跑到一些三不管的地方，也就是几个大领主采邑的交界地带（统治比较薄弱），靠手工业谋生。所以欧洲早期作为经济中心的城市，是在分封制度边缘地区兴起的，是在一个政治上相对真空的地区发展起来的。

这些新兴的城市还有一个特点，就是不归领主管。这些城市发展得越来越大，出现管理问题后，就自发形成城市的自治委员会，对城市进行管理。各个行业均选出各自的管理者，成立行会。行会在中国古代并不发达，但在欧洲却相当发达，在西亚、南亚也有。从保障消费者利益的角度来说，行会保证产品质量。比如，制定统一的行业质量标准，达不到质量标准，不用消费者投诉，行会就直接取缔其从业资格。另外，行会统一商品价格，保证商家利益，这是有利的方面。从不利角度看，行会限制工匠的生产规模，甚至限制作坊的规模。当时的手工业实行师徒制，手工业作坊就是由师傅带着几个徒弟构成。一个行业的师傅可以收几个徒弟，由行会来规定。行会限制从业人员数量，遏制手工业作坊扩大规模、增加产量，以求避免行业内的竞争。虽然从总体上看，行会的存在是有利有弊的，但我觉得弊大于利。行会的这种限制，虽然避免了行业内竞争，避免了产品滞销，保证了本行业的所有工匠都能生存，生产的产品都能销售，没有库存积压，但行会的存在在某种程度上人为地限制了手工业的规模，遏制了手工业的发展。

同时，欧洲新式大学的兴起，也加速了欧洲经济的发展。学生是纯粹的消费者，有消费就会拉动市场，因此大学所在的城市就会迅速发展。因此我觉得，要是没有这些大学，欧洲经济可能还得下滑两个点。

欧洲农村、农业的变化，带来了农村的相对富裕，扩大了手工业的生产规模。这实际上跟中国宋代以后的发展类似，只不过中国那个时候海外贸易占很大比重。所以要发展经济，首先得有购买力。购买力强会扩大手工业生产规模，手工业生产规模增大会拉动商业增长，再拉动第三产业——服务业的发展。

随着经济的发展，欧洲城市的规模越来越大。当然，这种大是相对的，欧洲早期的城市规模和中国相比还是很小的。举个例子，巴黎是欧洲有名的大都市，但中国都城人口过百万的时候，巴黎作为法国首都还仅有五万人。但仅仅从人口数量上进行对比是有失公允的，因为巴黎是经济中心，而我们的首都是政治中心，不是生产中心而是消费中心。古代中国首都有大贵族、文武百官、宫女太监等，再加上为他们服务的人员，人口基数自然就很大。但这些人里面有多少手工业者，才是问题的关键。欧洲的城市是以手工业生产者为主建构起来的，和中国古代的城市有着本质的区别。

在这样的情况下，欧洲城市兴起了，农业发生了革命。也有人把这次欧洲农业革命称为“绿色农业革命”。绿色农业革命给欧洲迎来了又一个发展契机。

欧洲——一个欧亚大陆上欠发达的地区，后来能领导世界前进，除了它自身的原因，还有一些外在的因素。但如果欧洲人口迅速膨胀，就会错过新兴产业经济的契机。欧洲有特殊的契机，使得它的人口始终没有突破临界点。第一个外在因素是黑死病，这种可怕的传染病导致欧洲人口大量减员。当然，农业发展起来之后，欧洲也出现过人口爆炸问题。1492 年哥伦布发现了新大陆，这是另一个外在的因素。在这个时间点上发现了新大陆，欧洲人口开始外迁，就把多余的人口消耗掉了。

大航海时代的动力

大航海时代为什么没有发生在中国?

中国古代航海技术非常发达，可以说是世界领先，我们经常用这个跟欧洲进行比较。郑和下西洋早于哥伦布、达伽马等将近一个世纪。那个时候中国的造船技术远远高于欧洲。郑和船队最大的宝船要比哥伦布的船大好几倍。哥伦布发现美洲时的船队只有三条破船，而年代更早的郑和下西洋，整个船队有400多条船，20000多人。欧洲在大航海时代自始至终没有过这样规模的船队。在郑和以后，中国的航海事业可以说戛然而止，因为明朝皇帝下令停止航海。而此后，欧洲在航海中发现了美洲，带来了欧洲的发展契机。中国的航海事业为什么没能持续下去？我认为，关键是二者的理念有相当大的差异。

欧洲航海的目的很明确，就是要寻找财富，发展贸易。奥斯曼土耳其帝国兴起之后，建立了一个横跨亚、欧、非的大帝国，欧洲和东方的贸易必须经过奥斯曼土耳其帝国，这样奥斯曼土耳其帝国就成为中间商，欧洲与亚洲东部的贸易就受到了奥斯曼帝国的制约。随着近代地理知识的发展，欧洲人想到，既然地球是圆的，从欧洲向西方航行，从地球的另一面绕过去，应该也可以到达印度，这样就可以直接与印度展开贸易，就可以突破奥斯曼土耳其帝国对东西方贸易的控制。

哥伦布航海，就是为了开辟一条去印度的新航线，可以使欧洲避开奥斯曼土耳其帝国，从地球的另一面直接与印度进行贸易。与产地直接贸易，可以避免中间商的层层加价，可以使商品的价格降下来，并提升贸易的利润空间。哥伦布一直到死，都没有意识到他发现的是新大陆，一直认为他所到的地方就是印度。所以哥伦布称当地人为印第安人，也就是印度人。这也是“印第安”这个名字的由来。

在欧洲人发展航海事业的过程中，《马可·波罗游记》起到了推动作用。威尼斯商人马可·波罗大约在 1275 年来到中国，并且在中国生活了很多年。回国之后，因为从军入伍参加威尼斯和热那亚之间的战争而被俘，在坐牢期间，他和狱友讲起自己在东方的经历，被一位作家记录下来后就成为《马可·波罗游记》这本书。《马可·波罗游记》出版之后，整个欧洲看到了东方的富裕，认为这是一个遍地黄金的地方，所以想跨过奥斯曼土耳其这个障碍，跟中国直接建立联系，发展贸易。马可·波罗对东方富庶的描绘，是欧洲大航海的动力，对欧洲的航海事业起到了推动作用。

中国的郑和下西洋却不是以盈利为目的。郑和下西洋是为了宣扬国威，制造一个万国来朝的局面。永乐皇帝朱棣通过靖难之役，颠覆了侄子建文帝朱允炆的政权，自己登基做了皇帝，为证明自己成为皇帝的合法性，需要形成一个万国来朝的局面，所以派郑和下西洋。郑和下西洋的主要目的是外交，是政治，船队每到一个国家，先是宣读皇帝的诏书，然后给当地的国王一大笔赏赐。虽然郑和的船队也从事贸易，但贸易主要是为了弥补经费的不足，而不是为了利润。

欧洲大航海以利润为目的，船队就要严格计算成本和收入。明朝以政治为目的，船队的一切费用都由政府支付，不涉及利润。郑和的船队庞大，开支巨大，作为辅助的贸易根本赚不回成本，需要政府的巨额投入，到后来就坚持不下去了。郑和死后，明朝停止了下西洋，最重要的原因就是朝廷已经承担不起这笔费用了。

郑和船队的成本是非常高的。以造船为例。郑和船队的宝船体积巨大，需要的木料也非常多，当时江南已经没有森林了，只能由越南北部森林运过来木料。我们可以想到，仅造船一项，郑和船队的支出就已经是一个天文数字了。此外，近两万人常年漂泊在海上，都是政府负担；给各个国家的君主的赏赐又是一笔巨额支出。因此，郑和下西洋已经成为明朝政府的财政包袱。

有一次，宣德皇帝要调阅郑和船队的资料，管理资料的大臣担心皇帝再派人下西洋，为了阻止皇帝，直接把郑和船队的所有资料全部销毁，然后以年代久远不知所终为由搪塞皇帝。郑和船队积累起来的资料，从航海文献的角度来说是相当珍贵的，这批资料记录了从中国去南亚、东南亚、西亚乃至到北非各地的航线勘测、水文资料等，是很成熟的资料，但被中国人自己销毁了。

从经济的角度讲，单一的由政府付费的航海工程，是没法持续的。国家拿出一大笔钱，就为了满足皇帝的虚荣心，对国家却没有好处，这是大臣们激烈反对的根本原因。

动机不一样，导致投资方向不一样。欧洲航海以追求利润、开展贸易为目的，所以严格计算成本。哥伦布航海，也是先取得国王的资助，而国王资助航海的目的也很清晰，就是为了带来效益，追求利益。比如，达伽马开拓新航线，绕过非洲去印度，航行距离很远，但是带回来丰厚的利润——达伽马的两条船，带回来的利润高达上百万。其中的原因，就是产地和销地差价太大！欧洲当时主要的进口货物，是以产自印度的胡椒为主的香料，达伽马在原产地印度看到的价格，相当于欧洲市场价格的百分之四。现在有学者认为，达伽马购买的价格还是高了，因为他着急要装满一船返航，印度人看他要的量大而且着急，就坐地起价，但即便这样，他还是觉得非常便宜。这两船香料运回欧洲，获得的利润是百分之四百，这才是欧洲投资航海事业的动力。

我们现在纪念哥伦布发现美洲新大陆时，说他是一个伟人，但实际上，他当年是一个比较憋屈的航海家。国王资助他去航海，虽然他发现了美洲新大陆，但当地印第安人都很穷，没什么东西可以运回欧洲，没给国王带来理想的效益，后来他就没有受到重视。

任何事情一涉及经济行为，由政府支付费用的事情就不容易办好，就不具备可持续发展性。我们当下也存在这个问题，有的事情由国企做，成本就高；有的事情由政府支付费用，成本就降不下来。

不管中国古代造船业多么发达，即便航海技术是世界最先进的，也没能带来经济效益，这是问题的关键。最后皇帝发现赔不起了，就下令停止航海了。走向闭关锁国之后，中国的造船业、航海业全面衰退。到清朝的时候，再想下西洋，已经造不出来类似当年郑和船队的那种体积巨大的宝船了，因为技术已经失传了。

说到当时中国造船技术的先进，我们且举一个例子。郑和宝船的长宽比，不符合我们今天造船的比例。现代造海船的长宽比是7∶1，不超过这个比例才是合理的，在海上航行才能扛住风暴。船如果太宽，一遇到大风大浪就容易翻船，现代的钢铁船舰尚且如此，古代的木制帆船就更是如此。但现在专门研究造船史的学者很困惑，据史书记载，郑和宝船的长宽比是3∶2，这么不合比例还能漂洋过海，而且还能往返非洲，我们至今仍搞不明白当时的中国人是如何做到的。

中国造船技术失传的根本原因，是该技术没能带来效益。没有效益，人们就不会去学，久而久之就失传了。任何技术最后能够发展延续下来，都是必须能产生经济效益的。技术先进与否不重要，关键是能不能产生经济效益，有效益才具备可持续发展性。中国古代的航海技术是很发达、很先进，但是没有带来经济效益，因而也就不具备可持续发展性。从这个角度说，郑和下西洋这一中国航海史上的壮举只能是昙花一现，中国没有发现新大陆，中国古代航海技术的衰落，都是有其历史必然性的。

意大利北部城市的兴起

奥斯曼土耳其帝国对欧洲形成屏蔽，欧洲要想和东方联系，在没有开辟新航线以前，必须经过奥斯曼土耳其帝国。欧洲的贸易是需要以奥斯曼土耳其帝国为中介的，而前述最开始发达的意大利北部城市，是欧洲能够接触奥斯曼土耳其帝国的最前沿地区。因此，上述城市兴起的原因，是它们占据了得天独厚的地理位置。

意大利北部各城市手工业和对外贸易的兴起，很重要的原因是农业发展不起来，因为在海边没有平原，可耕地不多，没有更多选择，只能开展手工业和发展贸易往来。威尼斯、米兰、热那亚、佛罗伦萨这些城市具有共性的特点，就是缺乏发展农业的大平原。所以这些城市最开始的农业跟古希腊类似，种植粮食作物的同时也种植经济作物。因为农业发展受到自然地理条件的限制，所以发展手工业。手工业的产品需要开拓销路，因而发展商业成为其最重要的关注点。有人认为欧洲文明是一种商业文明，实际上，在意大利北部城市兴起以后，欧洲文明才具备这样的特点。上述几个地区的发展全受益于海路的贸易。

意大利北部城市的兴起，给我们的启示是如何变劣势为优势。能在困境中找到机遇，变劣势为优势，这才是大智慧，有大智慧才能迎来发展前景。威尼斯、热那亚这些地方，按照自然地理条件来讲，如果是在中国，极有可能被放弃。我们的耕地面积大，这里开展不了农业，种不了庄稼，就换个地方开垦。但意大利北部这些城市，在自然地理环境的限制下，走出了一条独特的路：农业不足以养活本地人口，所以要依靠手工业和贸易。

转换发展方向之后发现，从发展贸易角度来说，这里具有得天独厚的优势，因为距离奥斯曼土耳其近，距离东方这些传统的精耕农业中心区近，和这些地方开展贸易很容易。自然地理条件处于劣势，可是地理位置却处于优势。欧洲其他地方离奥斯曼土耳其都比较远，不容易与东方开展贸易。如果威尼斯人一直种地，那么直到今天经济也发展不起来，可是换了一个思路，重点开展贸易，一下子富裕了。这说明思路很重要，向什么方向发展很重要，发展的取向很重要。

我们从整个欧洲地形上去看意大利北部城市，就会发现它们开展贸易的优势。走海路，出了爱琴海就是希腊、土耳其、埃及，距离它们都很近。在欧洲的地理范围内，与法国、德国等欧洲主要国家的距离也很近。所以，这些城市作为中间商，成为沟通西亚和欧洲的一个桥梁。这些城市发展手工业，把手工业产品卖到奥斯曼土耳其帝国，再把奥斯曼土耳其帝国的农产品以及一些特色产品，包括东方的香料，从中国进口的丝绸、瓷器等再卖到欧洲。商人可以沟通整个西欧，这是意大利北部这几个城市兴起的原因。

意大利北部这几个城市的农业已经是次要的，主要是以手工业推动商业，最主要的经济来源是商业。依靠沟通东、西方的贸易挣钱，这中间的利润很大。

可以说，意大利北部这几个城市的兴起，积累财富的主要手段，第一是手工业，而且手工业的原材料不局限在本地，有些是从欧洲进口的，其手工业产品销往欧洲各国，也销往奥斯曼土耳其帝国；第二是商业，在发展手工业的基础上开展东、西方贸易，获得的利润成为其财富的最大来源。

威尼斯的衰落——投资失败

《威利斯商人》这部小说主要描写的就是威尼斯商人的故事，来过中国的马可·波罗也是威尼斯商人。威尼斯商人通过贸易积累起了大量的财富。

在资金流向上，东、西方存在着明显差异，但根本的差异还在农业上。东方商人依靠商业利润积累起来的大量财富，一般都用于购买土地，置办宅院。东方商人不投资扩大商业，不投资扩大手工业，而是将利润投放到农业上，用来购买土地。慢慢地，商人演变成地主，依靠收租生活。在中国古代，手工业和商业发展受制约的一个原因，就是大量的资本被转移到农业。资本发生了转移，手工业产生的利润被转到农村购买土地，而不是投资扩大再生产，把手工业规模做得越来越大。还有，依靠海外贸易产生的利润，也不投资在贸易上，不是把贸易规模做得越来越大，变成跨国集团，也同样转向农村购买土地。这当然与中国的农业发达有关，土地多，而且土地保值，土地产生的收入比较稳定，只要不遇到灾年，租金都能收上来。

威尼斯商人依靠贸易积累起来的大量资金，就涉及一个投资方向的问题。威尼斯商人的这笔钱投不到农业上，因为可耕地特别少，地价太高，买完之后很难产生租赁收益，投资回报率很低。威尼斯后来衰落的原因，也是因为商人们获得的巨额资金没有适合的投资方向，最终采取的是放债，即借给大贵族和国王，收取高额的利息。

当时欧洲各国经常发生战争，特别是到近代之后，热兵器取代冷兵器，大刀长矛变为滑膛枪，战争费用成倍增加。冷兵器时代部队费用不大，进入热兵器时代以后，使用了枪和大炮，战争费用大增。有统一愿望的国王和希望扩大领地的贵族们，需要扩军时发现农村的地租不够用，这时威尼斯商人正好有巨额资金需要投放，因此双方一拍即合。于是，以威尼斯为代表的意大利北部这些城市中的商人们，开始向这些贵族和国王放贷。

威尼斯商人主要放贷对象是西班牙国王。早期伊比利亚半岛被穆斯林占据，是伊斯兰教国家。西班牙国王掀起了一个收复失地运动，跟伊斯兰教国家打仗，非常需要资金。西班牙统一后，国王又开始投资进行大航海。当时的西班牙有称霸欧洲的想法，所以还需要大量的资金。

西班牙国王不断向威尼斯商人借钱，开始还用珠宝首饰做抵押，于是威尼斯人积累了很多珠宝；后来用税收抵押，可最后税收也还不上，珠宝也没有了，西班牙国王就赖账，宣布破产。

这是一个过程，由短期债务逐渐变成长期债务。例如，借一笔资金，约定一年还款多少，十年期限还完。到期还不起时，就变成永久性的债务，不还本金，每年只付利息。到最后，本金已经还不起，每年只付利息，变成长期借贷。西班牙到后期居然每年的国库收入连还利息都不够了，因为不断借新债，利息越来越多，最后还利息都不够时，西班牙国王就直接宣布终止还款。西班牙政府做这种事不只是一回，前后一共发生了六次，直接导致威尼斯商人的衰落。

这是一个金融问题、国际信贷问题。威尼斯商人最早开始国际信贷，很不成功，一大笔资金投进去，最后没收回。当时很多很有名的、很有实力的大家族，都因为西班牙国王宣布财政破产，导致家族衰败。其中最有名的富格尔家族，就是因为这个原因，导致现金流断裂，家族衰落。

我们当代社会始终在研究解决的一个问题，就是怎么能让资金一直流动起来，而且能一直带来利润。当时的社会还不具备资金流动而产生出利润的条件，所以威尼斯商人这笔钱没有投资渠道，资金没有办法进一步盘活，只能依靠借贷，最后就导致了信用危机。这是后来意大利北部这几个城市衰落很重要的一个原因。

简单地说，意大利北部城市的兴起靠手工业，特别是商业，衰落于国际信贷问题。这是欧洲第一波很不成功的社会转型。

西班牙和葡萄牙的自身缺欠

欧洲最早进行大航海的两个国家是西班牙和葡萄牙。葡萄牙在欧洲最西的尖角上，所以它最早发现了绕过欧洲去印度的新航线。西班牙和葡萄牙地处大西洋岸边，洋流、气候等自然地理条件决定了它们是欧洲最开始进行大航海的国家。

这两个国家早期很疯狂，要瓜分美洲，导致它们之间爆发了战争。就在哥伦布发现新大陆的第二年，在罗马教皇亚历山大六世的仲裁下，西班牙和葡萄牙和谈，规定：以亚速尔群岛和佛得角群岛以西 100 里格的子午线为分界线，该线以西的一切土地划归西班牙，以东的一切土地划归葡萄牙。次年，两国又缔结《托德西拉斯条约》，把这条线向西移动 270 里格。当时西班牙人认为自己在这个条约中占了便宜，相信到印度去的航路是在西方。实际上这条分界线使得葡萄牙人取得了绕道非洲到印度去的航路上的所有据点。

在亚洲，最早来到东亚的商人，也是西班牙人和葡萄牙人。最早去印度的，最早开始进行远航贸易的，还是西班牙人和葡萄牙人。

这两个国家的手工业都不太发达，它们把美洲瓜分了，占据大片的领土，控制的殖民地比本国大很多。西班牙和葡萄牙占领美洲之后，最开始只是试图在加勒比海地区发展种植业，建立起新型的种植业庄园。

第一项是种甘蔗，做蔗糖。欧洲这一时期相对富裕，糖的消费量很大。早期，糖在欧洲是奢侈品，一般家庭吃不起，在欧洲消费量不大。但到了这一时期，欧洲人饮食结构出现了巨大的变化，甜品增加，糖的价格大幅下降，普通老百姓都能消费得起，糖的销量在成倍增长。欧洲没有大量的土地去种甘蔗榨糖，而加勒比海地区适宜甘蔗种植，所以葡萄牙人和西班牙人在这里建立起种甘蔗的大种植园。甘蔗种植所需的劳动力，最初依靠当地的印第安奴隶，但在实践中发现印第安人身体素质不好，消耗得太快。后来他们发现黑人的身体素质好，就从非洲开始进行奴隶贸易，买卖黑奴来种植甘蔗，并制成糖销往欧洲。

第二项是在美洲发现了一种新的作物——烟草，建立大种植园种烟草。当时，抽烟这种新的习惯已在欧洲普及，并形成一个新的消费群体。

早期葡萄牙人和西班牙人在美洲主要是种甘蔗、烟草。但这时候在美洲新发现的热带作物，在欧洲也有了市场。比方说可可——巧克力的主要原料，就是美洲原产的作物。

总之，葡萄牙和西班牙对新发现土地的利用，是建立奴隶制的大种植园，种植单一的经济作物，而不是种植粮食作物。和中国古代单一的粮食作物生产正好相反，它们在美洲是种植单一的经济作物。一个大种植园，要种甘蔗就不种烟草，要是种烟草就不种甘蔗，种植的作物非常单一。种植园实行奴隶制以降低生产成本，形成更大的利润空间，才能承担运往欧洲的运输成本。

这一现象是由欧洲早期西班牙和葡萄牙手工业欠发达造成的。后来，英国的发展模式就不是这样，英国被称为“世界工厂”，在全球销售其手工业产品、工业产品，而不再是依靠单一的经济作物。从这种差异中我们发现，当契机到来的时候，技术不过硬，即便拥有大面积的土地资源，经济也还是发展不起来。

西班牙和葡萄牙在美洲的第一个收获，是种植单一的经济作物；第二个收获是在美洲发现并开采银矿。把美洲开采出来的白银大量运往欧洲，西班牙人几乎是突然间没有成本地拥有了巨大财富。可是，这却对西班牙和葡萄牙的经济却起到了负面影响。

一个国家如果突然间货币净增加，而这个国家还没有发达的手工业、发达的商业去消耗增加的这笔钱，那么造成的直接后果就是通货膨胀。

仅1545—1560年，西班牙海军从海外运回的黄金就达5500公斤，白银24.6万公斤。到16世纪末，全世界开采的83％的贵重金属均为西班牙所得。西班牙从美洲成船运回来白银，导致一定时期内西班牙物价上涨五倍。通货膨胀对西班牙经济的影响是物价上涨、生活成本增加，物价虚高导致手工业产品没有销路，手工业全面崩溃，结果是本土本来就欠发达的手工业进一步萎缩。

西班牙手工业和工业无法进一步发展，手工业和工业产品没有任何的国际竞争力，而和它相邻的英国、法国、荷兰却由此得到了发展的机会。西班牙和葡萄牙物价偏高之后，法国、英国、荷兰这几个距离西班牙很近的国家的手工业产品开始流向西班牙。

西班牙从美洲成船运回来白银，结果导致自己国内的手工业全面崩溃，却拉动了周边国家手工业的发展。周边这几个国家，特别是英国、荷兰的手工业产品，占据了西班牙市场。这就是通货膨胀给西班牙带来的灾难。

西班牙和葡萄牙在美洲发现白银对中国也产生了影响。西班牙和葡萄牙商人最开始到东亚的时候，发现东亚的产品——香料、棉纺织品等都是好东西，所以什么货都想要，而欧洲的货物在中国没有市场。最后西班牙和葡萄牙商人只能用真金白银来采购，这种贸易一直持续了很久，导致西班牙从美洲开采的白银大量流入中国。大量白银进入中国，使得中国货币本位变成了银本位，明、清两朝，开始大量使用白银流通。这是给中国带来的一个变化。

在大航海之后，新航线的开辟使原来通过奥斯曼土耳其帝国的贸易一落千丈，也造成意大利北部城市的衰落。但西班牙和葡萄牙也没能最终胜出，只是昙花一现。

西班牙和葡萄牙没有从大航海和发现美洲新大陆中崛起，重要原因是自身的手工业、商业不够发达。当西班牙和葡萄牙面临发展机遇的时候，自身的手工业跟不上时代的发展，反而使手工业相对比较成熟的几个周边国家从中获益，向西班牙倾销商品，导致西班牙本土手工业的崩溃。西班牙和葡萄牙的发展历程给我们的启示是，如果自己国家的制造业跟不上时代的要求，那么机遇反而是灾难性的。

接着崛起的就是北边的几个国家，按照实力排序，其中最典型的是荷兰、英国、法国。

荷兰的崛起

荷兰靠海，是低地国家，海浪来的时候，海水倒灌，导致周边地区都是盐碱地，因此农业基础薄弱。地理原因使荷兰人发明了世界领先的填海造地技术，所以荷兰最开始的农业就是迫不得已地大量种植经济作物。

由于农业发展受到地理条件的制约，迫使荷兰向其他方向发展，威尼斯的经验在荷兰再一次体现出来。发展手工业是它们的相似之处，但区别是，荷兰人的手工业非常强调技术革新。以技术革新降低成本，荷兰依靠技术革新给自己带来了发展契机。

例如，荷兰当时的龙头产业是造船业。周边国家都买荷兰船，最巅峰的时候，整个欧洲沿海航行的商船 80%是荷兰制造的。荷兰的造船业能基本垄断欧洲的原因，第一是便宜，第二是性能好。荷兰发明了一种新的平底商船，装货多且易操控。据记载，两条运载能力相同的海船，其他国家制造的船需要 25 个水手才能驾驶，而荷兰制造的船只要 16 个水手就可以了。荷兰船本身便宜，在操控上还能节省劳动力，所以欧洲沿海国家都在购买。

荷兰船使用的木料全从北欧进口，就是从今天的挪威、瑞典一带进口，那里有大片的原始森林。荷兰使用进口原材料，还能造出比原料产地北欧便宜的船，根本原因在于技术。荷兰造船业率先使用机器破板。造船的原材料是巨大的圆木，首先要把圆木破成木板，传统的方法是用锯拉，手工破板。荷兰采用机床破板，效率远远高于手工拉锯，成本大幅下降。我们今天的机床，不是依靠电力就是依靠燃油来驱动。当时荷兰人用水力、风力来带动机床，所以今天一提到荷兰，人们想到的仍然是大风车国家。荷兰靠海，地势低洼，海风很大，利用海风做动力，就是变劣势为优势。

现在学者研究表明，荷兰不仅仅是这一项革新发明，只一个造船业就有无数的革新。比如，荷兰生产的钉子和别国的不同，每艘船上的各种组件，从船板到桅杆再到风帆，从锁到锚再到使用的钉子，等等，每一个环节都围绕降低成本而开展技术革新。每一个小革新，带来的利润和成本的降低虽微不足道，但一艘船建造完，就是无数小革新的集合。这样，船的成本就大大降低了，表面上体现的是船价格低，但实质上是造船过程中每一个工序都有技术革新。这些小的技术革新集合到一起，就变成了一个大的突破，荷兰船从此没有竞争对手。

因为造船成本低，船又好操控，装载的货物量也大，荷兰就不只卖船，还承揽了当时整个欧洲沿海的运输业。这是荷兰早期被称为“海上马车夫”的原因。荷兰运费低，各国进行贸易时全部租赁荷兰船来运输。因为船便宜，所以运费就低于别的国家。最后荷兰人承包了欧洲沿海的海上运输线，运输业成为荷兰又一个支柱性产业。

各国货物运输都使用荷兰船，荷兰人也从运输货物升级到货物买卖，由此拉动了荷兰人的转口贸易。荷兰人有一个新发明，即在荷兰的主要港口大面积建仓库。外国商船一到港，荷兰商人就过来谈价，荷兰人的购买方式是将整船货物一次性全包，这样价格就相对便宜。买下整船货物的荷兰人不担心能不能及时把货物卖掉，一般全部直接装进仓库，然后给卸完货的船再配齐一船返航的货物，这样两边倒腾，这就是荷兰人的转口贸易。

举个例子，一个外国商人运了一船货到港，荷兰人全部收购，放进仓库里。第二天，另一个商人的一船货也到了，也放进仓库里。但第二个商人可能就是从荷兰人手中买了第一个商人的货而返航拉走了。荷兰人中间一倒手，差价就赚到了。荷兰转口贸易顶峰的时候，有一个说法说，荷兰商人自己都不知道卖的是什么，都没看过自己卖的东西。荷兰靠做转口贸易发达起来，使后来欧洲其他国家都竞争不过它。

商人讲究效率，要提高货物和资金运转的频率，荷兰的转口贸易给商人们创造了非常大的便利。其他国家的港口，货物到港，需要联系购货商销售，而且很难一次性售完，这段时间的长短就不好掌握。好不容易全部售净，还得补货返航，这些港口也很难一次性配齐一船货物。所以在其他港口，一般情况下，一条商船平平常常需要停靠两个月，商人需要用这段时间出货上货。因为有很多大型的仓库，荷兰的口岸优势就非常明显，很短时间内就能配齐一船商人需要的货物。以前进行一次海外贸易，可能需要的周期是半年，而跟荷兰商人进行贸易，可能三个月都用不上。贸易耗费的主要时间是海上航行，没有在岸上等待的时间。时间就是金钱，商人们虽然便宜甩货，但实际利润更高了。

荷兰的阿姆斯特丹等著名港口，在贸易发达时期，停靠的船经常保持在 2000 艘以上。各国商人都到荷兰进行贸易，产生了一个更加离奇的现象：英国国内两个口岸之间的货物贸易，都是先把货物卖到荷兰，从荷兰再运到英国的另一个地方，即便这样，都比两个口岸直接贸易便宜。荷兰给自己创造了无数的商机。转口贸易是荷兰第三个重要的经济支柱。

荷兰靠发展造船业，还拉动了另一个产业——捕捞业。荷兰船能进行深海捕捞。比如，英国船和荷兰船同时捕鳕鱼，英国船离岸走不多远就得回来，因为船里已经装满了，需要回岸上处理捕捞到的鱼。而荷兰船可以直接往深海走，一边打鱼，一边在船上处理收获的鱼，那个时候还没有罐头，就用大木桶腌鳕鱼。荷兰船回来上岸，就卖成桶的、腌制好的鳕鱼。荷兰人能跑到英国临近海域去打鱼，跟英国渔船竞争，到最后欧洲人吃的鱼 80%是荷兰人捕获的。

实质上，荷兰核心的产业就是造船业。荷兰只是在造船业上有了一系列技术突破，使造船成本下降，从而以造船业为中心，拉动若干产业发展。

上面谈到的是大方面的拉动，在实际中还有不少小的行业被拉动。与造船业搭配的不止运输业，当造船成为拳头产业打出去之后，还拉动了一系列手工业的发展，并且培育出另外两个更挣钱的产业，一个是海上运输业，另一个是转口贸易。这是荷兰兴起的很重要的原因。

一个产业的突破，同时拉动一批产业兴起，而且靠着这个产业再打造出另外几个产业，同时带来巨大的财富。造船业解决就业，海上捕捞业解决就业，海上运输业也解决就业。中转贸易也不仅仅是商人有收益，大量仓库的建设也提供了大量的就业机会。而这些产业形成一个庞大的产业群，形成了竞争优势。这对我们当代是有启发的。

荷兰国土面积有 4 万多平方公里，比威尼斯大很多。我们发现，欧洲国家的兴起是由小到大进行的，荷兰是欧洲兴起的第二梯队。

荷兰的造船业是拳头产业，造船的木材是从北方进口的。从荷兰越过北海之后，挪威、瑞典就有大面积的森林。航海是从北欧一直往下到地中海，这一带的海上运输和海上贸易当时都被荷兰人垄断。

荷兰以造船业为突破口，拉动了海上捕鱼、海上运输、海上贸易、口岸仓储、转口贸易等，这是荷兰致富的关键。荷兰的经验，对我们今天发展经济很有启发。一个国家，首先要有一个核心的、具有竞争力的产业，并且这个产业要能够拉动其他产业。如果这个产业是一枝独秀，与其他产业没有关联也不行。

荷兰造船业的发展，是建立在一系列小的、细节上的工艺创新基础上，并不是在核心技术上有所突破。今天我们常常陷入一个误区，一直思考如何在产品核心技术上有所突破，事实上突破核心技术是非常困难的。在造船业里，聚集方方面面小的技术革新，甚至包括铁钉的生产，最后集合在一起，效果就体现出来了。荷兰船的成本大幅下降，这就具有了核心竞争力。这是值得我们今天思考和借鉴的。

中国历史上的金融问题

金融问题的核心是货币，也就是钱。货币在古代东西方有一个明显的差异，中国古代早期以铜钱作为主要货币，从西亚到欧洲，当时基本上都使用金币和银币，这是两个货币系统。

中国首先出现了货币不够用的问题，也就是在市面上流通的铜钱少，不够用，古书里记载叫“钱荒”。钱荒现象古代早期也有，但不普遍，到南宋开始频繁出现，而且持续时间越来越长，这和南宋商品经济发达有直接关系。商品经济发达，交易活跃，所需的货币总量越来越大，铜钱就开始不够用了。钱荒在南宋频繁出现，是当时朝廷比较头疼的一个问题，因为其影响商业发展。

南宋是中国历史上铸币量最大的朝代，但同时也是中国历史上钱荒闹得最严重的朝代。有一个讲宋朝宰相秦桧奸诈的故事，描述的就是秦桧解决钱荒的办法。

当时京城出现钱荒，宋高宗将秦桧召进宫中，商议解决办法。秦桧让皇帝不用操心，他会处理。回到家后，秦桧找了一个洗头匠给他洗头，洗完之后直接拿出一吊钱也就是一千个铜钱来打赏。洗头匠见给的这么多，不敢要，因为洗一次头正常收费只是一枚铜钱。秦桧说：“没关系，拿着花吧。我刚在宫里跟皇上商量完，皇上要进行货币改革了，这铜钱拿回去赶紧花，过两天新钱出来，这个就作废了。”洗头匠回家后就开始疯狂购物，周围人都奇怪，便向他打听事情缘由。洗头匠就把秦桧的话复述了一遍，说要货币改革了，铜钱要作废了。这个消息很快就传遍京城，整个京城的人都拿铜钱出来消费，甚至还有用车拉着铜钱上街购物的，于是钱荒的问题得以解决。

在钱荒的大背景下，四川出现了“交子”。我们现在有的书上把“交子”称为世界最早的纸币，是不准确的，“交子”应该相当于汇票。

宋代因为铜钱不够用而产生钱荒，所以需要增加钱币的总量。但是铜的原材料满足不了多铸铜钱的需求，于是当时的四川还流行一种铁铸的铁钱。铜钱一枚重三四克，一吊钱就是一千枚铜钱，重量已达三四公斤了。只要带十吊钱出门，就是三四十公斤的重量。铁钱比铜钱沉，在进行远距离大宗贸易的时候，商人携带极不方便，就这样在四川首先出现了“交子”。

“交子”最开始就是钱庄给开的一个证明。在进行远距离大宗贸易的时候，因为携带大量铜钱不方便，便把铜钱先存到本地钱庄，由钱庄出具一个证明。商人拿这个证明在这家钱庄的外地分号，可以兑出铜钱。这张证明就是最初的“交子”。

“交子”最开始是由在四川十几个有钱的富户联合办钱庄发明的，在当时是一种盈利手段。在今天看来，最初的“交子”实际上不是纸币，属于汇票。但后来朝廷觉得这个办法好，由朝廷开始发“交子”的时候，“交子”就是真正的纸币了。

与南宋对峙的北方金朝，这个时期也出现了纸币，也是由朝廷发行的，但它叫“交钞”。元朝统一中国后，货币方面继承了北方金朝的纸币名字“交钞”，也称“宝钞”。

毫无疑问，中国是世界上最早使用纸币的国家，也是最早经历通货膨胀的国家。

早期纸币刚开始发行的时候很稳定，朝廷发行的数量有限，而且定期收回，在市面上流通老百姓也能接受，效果很好，解决了钱荒问题。这个时期宋朝已经有学者研究纸币发行的规律，这也是世界上最早的金融学研究，这一点现在很少有人提到。当时的学者已经认识到朝廷发行纸币和储备金的关系，这已经是很先进的金融学理念了。所以我认为，宋朝以后，中国因发行纸币而导致通货膨胀，绝对不是因朝廷无知，不了解货币发行的规律，实际上，朝廷很清楚地知道超量发行的后果。当朝廷不缺钱的时候，交钞正常运行，等到朝廷缺钱的时候，就不考虑后果，多印纸币，超量发行。

朝廷缺钱，超额发行纸币，导致了通货膨胀。中国历史上最早大规模的通货膨胀出现在北方的金朝。金朝后期与蒙古人作战，致使国库空虚，于是大量印发交钞，导致纸币迅速贬值。交钞贬值到给部队发饷，士兵都不接受甚至产生哗变的程度。元朝之后，朝廷接着发行宝钞，也出现过通货膨胀。

钱荒的问题真正得以解决是在明清两代。美洲白银大量流入中国，中国开始以白银为货币。明清两朝，中国逐渐开始以白银为高档货币，以铜钱为低档货币，进行贸易结算，小宗生意用铜钱，大宗买卖用白银。

白银成为流通货币之后，市场上两种货币并行，这就产生了货币之间的兑换问题。我们现在看小说、影视剧里，白银和铜钱的兑换是 1∶1000，就是一两白银兑换一千个铜钱。这是理论上的标准，实际上能维持这个比例的情况很少，兑换比例经常浮动。当市场上流通的银子少的时候，银子就升值，兑换比例大，一两银子可能换一千五百甚至一千八百多个铜钱；当市场上流通的银子多、铜钱少时，铜钱就会升值，一两银子也就能换六百多个铜钱。

不同货币之间兑换比例的波动，也就是比价问题，类似今天的人民币和美元的汇率，在古代也对贸易构成负面影响。

亚洲很早就出现了货币比价问题，是中国的货币影响到了东亚各国。东亚各国跟中国一样都用铜钱，但他们自己国家不铸造，而是用中国的铜钱。铜钱大量外流，也是中国产生钱荒的重要原因之一。宋朝廷已经发现这个问题，所以禁止铜钱出国。但铜钱在中国的购买力低，在日本、朝鲜购买力高，外国商人一算账，从中国运任何货物回去卖，利润都不如拉一船铜钱回去。因此，日、韩商人把货物在中国卖完之后，直接换成铜钱运走。

当时中国铜钱外流量究竟有多大？我们现在有一个考古发现的例子。

1975 年，韩国渔民在新安郡附近海域发现一艘沉船，考古队员从沉船里发掘出了两万多件青瓷和白瓷，两千多件金属制品、石制品和紫檀木。现在学者研究认为，这艘船大约是在 1323 年，从中国宁波出发前往日本福冈的国际贸易商船，途中遇难沉没。这艘沉船上发现的中国铜钱总计 800 万枚，重达 28 吨。这仅仅是一条商船运走的中国铜钱的数量，依此计算，中国铜钱流往海外的数量肯定是一个天文数字，难怪宋朝无论如何铸币也解决不了钱荒的问题。

东亚各国通行铜钱，后来也通行银币。中国境内两种货币的比价问题，逐渐变成中国和境外的汇率问题，这个兑换在当时是相当复杂的。

举个例子，朝鲜白银按成色分为四种。成色就是含银的百分比，含银达 90%以上的叫天银，80%多的叫地银，70%的叫丁银，最差的 60%多的是莱银。日本产银，但提炼技术不过关，杂质多，颜色偏黄不白，日本用这种银子与朝鲜贸易，因为当时朝鲜与日本的贸易主要在朝鲜的莱阳府进行，因而这种银子在朝鲜被称为莱银。

中国使用的白银成色最高的是官钱，是经过朝廷特殊冶炼进入国库的白银。中国民间使用的银子也是成色不一的，所以要求老百姓用银子交税的时候要多交一点，这部分银子称“火耗银”，因为地方政府向国库交纳税收的时候要对老百姓交的银子进行重新冶炼，因此重量上肯定会有损耗。重新冶炼制成五十两一个的银元宝，送交国库，这种银子称官银，成色最高。

朝鲜银子就四种——天、地、丁、莱，它们之间存在着兑换关系，它们又与朝鲜铜钱之间有着兑换关系，还与中国的铜钱、白银之间有着兑换关系，这种换算非常复杂，给从事中外贸易的商人造成很大的不便。

明清两代的中外贸易，在进行商品交换之前先要谈好货币的兑换比例，这是一个只有专家才能算清楚的难题。因此货币兑换比例也就是汇率，成为制约东亚贸易的一个技术问题，一直到清朝后期都始终没有解决。进行大宗商品交易，要聘请货币专家，检验银子，也就是看成色、掂分量，甚至用牙咬来感受硬度，进而确定含银量的多少。这是铜钱本位时中国后来发展的状况。

西亚、欧洲全是金币、银币，金币和银币的兑换比例，一般是 1∶10 或 1∶20 的关系，这两种货币之间的兑换比价相对比较稳定，不像中国的铜钱和白银的浮动那么大。但在后期同样涉及一个问题，就是远距离大宗贸易的时候，携带银币、金币不方便。这个时候，最早是由阿拉伯人发明的、类似中国“交子”汇兑业务的汇票开始传入欧洲。

阿拉伯人的商业发明

阿拉伯人在商业上有几项新发明。

第一项是股份制经营。

今天经济活动中的股份制经营，最早是由阿拉伯人发明并实行的。不晚于公元 6 世纪，阿拉伯人从事远距离贸易就已经以股份制的方式进行了。

中国的海上丝绸之路可以到达波斯湾，抵达非洲东部，也可以进入红海、地中海。因为自然地理原因，红海特别狭窄，所以这个时期海上贸易经常会遇到海盗。红海最窄的地方两岸之间相距大约八九公里，海盗在海上抢劫商船，得手之后立刻上岸分赃，然后直接逃往内地，很难抓获。商船为躲避海盗，不再进入红海，海路贸易的商船很多都在也门卸货。阿拉伯人在也门用骆驼队，把货物沿着红海沿岸的狭窄平原，运到今天的叙利亚一带，再装船通过地中海运往欧洲各地。当时阿拉伯人的生意，类似于今天的转口贸易。

最早是穆罕默德的祖先哈希姆开始经营从也门到叙利亚的商路的。哈希姆相当聪明，在发现这条路线存在的商机的同时，也发现并解决了沿途的强盗问题。当时的阿拉伯人以抢劫为荣，认为抢劫是最适宜男子汉的职业。甚至当时阿拉伯民间歌谣里唱道“假如无人可供抢劫，我们就抢劫我们的兄弟”。

货物从也门运到叙利亚，沿途会遇到阿拉伯部落的抢劫，不能平安运过去。哈希姆发现这个商机之后，就开始跟沿途各地的阿拉伯部落首领交流、谈判，只要他们不抢哈希姆的商队，年终哈希姆给各部落分红，用今天的话说，算各部落的干股。最后只有哈希姆的商队能通行，别的商队都会遇到沿途阿拉伯部落的劫掠，于是哈希姆和麦加人垄断了这个生意。

麦加人组织起庞大的骆驼队，将从东方销往欧洲的货物由也门运送到叙利亚，再将欧洲销往东方的货物由叙利亚运往也门。麦加城当时就是靠这种运输和转口贸易发展起来的，几乎家家户户在庞大的骆驼队中都有股份，骆驼队回来之后的盈利根据入股比例分红，这应该是世界上最早的股份制经营。当然，此时还只是在商业领域，并不涉及制造业。

第二项是前面讲过的汇票，也是阿拉伯人最早发明的。

第三项是复式记账法。

阿拉伯数字的推广和普及与复式记账法有关。今天全世界通行的阿拉伯数字，实际上是印度人的发明，阿拉伯人从印度人那里学会了这套数字及其运算方式，然后将之传到欧洲。欧洲人是从阿拉伯人那里学到的，所以称之为阿拉伯数字。这是一个极大的误会，形成这个结局的原因是复式记账法。复式记账法用罗马数字记不了，可以说没有阿拉伯数字，也不会有复式记账法。复式记账法对商业有很大的推动作用。

阿拉伯数字伴随着复式记账法从土耳其传到了威尼斯，接着由威尼斯商人传遍了欧洲，欧洲人都以为复式记账法是威尼斯商人发明的。

在法国东北部的香巴尼地区，威尼斯商人在香巴尼交易会上把复式记账法连同汇票制度一起推广。香巴尼交易会是在每年特定的日子里举行的一个产品交易会，类似于今天的广交会、长春的农博会等展会。会上大宗货物的交易，不是用现金交易，而是依靠汇票。现代历史学家研究认为，在香巴尼的市场上，最后的货物成交量是使用货币的几百倍，全是汇票。汇票虽然是在东方发明的，但真正在实践中大规模应用是在欧洲。

汇票传入欧洲之后，进一步的发展就是延长了签兑日期。例如，买卖双方谈好交易，商品由买方拿走，给卖方签署汇票，签兑的日子是两个月后的 2021 年 6 月，这就等于结完账了。直到两个月后的 2021 年 6 月，卖方才可以拿着汇票到买方指定的地方兑出来现金。在没有汇兑期间，卖方的贸易还得继续进行，可因为没有现金，于是就在汇票背面签上商人的名字，拿汇票周转。有时一张汇票上要来回签十几个商人的名字，转了十几手，但因没有到兑现的日子，就不用兑现，而是当货币流通了。汇票的额度一般非常大，现实生活中没有这样大面值的货币，汇票直接就变成一种通货。

当汇票开始流通以后，有人发现汇兑的时间差是商机。例如，商人甲有汇票，但没有到兑现的日期，可现在经营需要使用现金。于是商人乙给甲提供现金，然后收走甲的汇票，但乙不是按照汇票的面值收购甲的汇票，而是低于面值。乙等到兑现的日子拿汇票去兑现，赚中间差价。早期的股票实际上就是在此基础上发展起来的。这样，在欧洲就出现了专门经营票据兑换的商人，他们不做贸易，专门经营票据汇兑。在当时的国际贸易中，这种商人已经相当活跃，他们被认为是挣钱最容易的人，他们不需要厂房，不用机械设备，也不雇工人。在香巴尼交易会上，只需要一张桌子就能开展业务——收汇票，兑汇票，赚差价，这可以说是欧洲最早的金融业。这些商人用现金兑换汇票不仅限于某一国家的货币，而是涉及欧洲各主要国家的货币，他们同时也开展各国货币之间的汇兑业务。

威尼斯最开始兴起汇票经营业务，然后传到整个欧洲，但接下来威尼斯商人破产了，破产的原因是借钱给西班牙国王却收不回来。西班牙赖账是怎么导致威尼斯商人破产的呢？这里需要注意一个问题，如果威尼斯商人借出的全部是自己的钱，那就不至于破产。比如，有一千万，借出去八百万，人家不还，那是坏账八百万，资产还剩两百万，不是破产。实际上威尼斯商人借给西班牙国王的资金包括汇兑的票据。威尼斯商人在其他地方用汇票的方式筹集资金，借给西班牙国王，等西班牙国王还款后，再来兑现现金。最后西班牙还不了借款时，威尼斯商人筹集的汇票到汇兑时间却无法兑现了，这才导致威尼斯商人的破产。这跟现代银行的破产很相似，破产的原因有汇兑业务在里面。

在荷兰兴起之后，汇兑业务的中心也由威尼斯转移到了荷兰。理由很简单，荷兰垄断了海上贸易、仓储贸易等大规模的贸易，而这些贸易都通过汇票来结算。所以，荷兰最昌盛、经济最发达的时候，首都阿姆斯特丹就是世界金融中心，聚集了一大批专门经营汇票的商人。说得更直接一些，金融要想发展，首先得有财富的积累，然后才涉及金融问题。威尼斯商人最发达的时候，汇票结算在威尼斯。当威尼斯商人衰落之后，金融中心转到荷兰，因为荷兰背后有大量的资金沉淀。

郁金香泡沫经济

欧洲在经历中世纪的农耕经济之后，率先在意大利北部各城市出现了经济类型的变化，以威尼斯为代表的城邦成为欧洲最早面向现代开始经济转型的地区，这些城邦的兴盛、富庶也全得益于此。随后兴起的是荷兰，再之后是英国。可以说，在经历意大利北部城市、荷兰、英国等三波发展浪潮之后，欧洲经济才最终由原来的落后地区发展为全球领先地区。我认为，欧洲真正意义上的振兴是从荷兰开始的，继之而起的英国才实现了欧洲经济的真正振兴。

荷兰作为世界金融中心，也是世界上最早出现泡沫经济的地方，历史上称为“郁金香泡沫”。

荷兰的盐碱地不适合种庄稼，很适合种郁金香，所以荷兰大量种植郁金香。荷兰的上流社会也很欣赏郁金香，甚至皇宫里举行舞会，女士都得佩戴郁金香。

郁金香在早期的荷兰是奢侈品，当温饱难以解决的时候，购买鲜花是上流社会人士才能考虑的消费。当荷兰的造船业开始发展，并拉动了整个社会经济的时候，荷兰人开始富裕了，老百姓的生活品位也在提升。

现在中国也是这样，改革开放以前没有鲜花店，没有销售鲜花这个行业。现在花店很常见，到处都有，过节买束鲜花很平常，商家为了促销，还制造了一些特定的日子。可见，人们消费鲜花的前提是收入增加，生活水平提高，这是社会富裕之后的结果。

荷兰在各种产业发达起来之后，社会富裕，人们生活品质提高，对郁金香的需求量也增加了。郁金香以前只供应贵族阶层，现在平民阶层也购买，导致产量不够，供应不上，郁金香的价格开始上升。郁金香价格攀升，就开始有人恶性炒作，到后来价格就高得相当离谱了。郁金香的价格最开始由供求关系决定，当社会需求量越来越大，供应不上，价格自然会上涨，这是符合经济规律的。但后期郁金香价格的上涨就是人为炒作的结果了。

当时的荷兰人对郁金香的态度，就像我们现在普通老百姓看待股票一样。由于没有相关的经济知识和金融知识，荷兰人盲目相信郁金香价格会一直上涨，就像今天很多人盲目相信房价会一直上涨一样。郁金香的价格十年涨了5900％。在这样的情况下，荷兰全民疯狂投资炒郁金香，导致价格越升越离谱。最后，一株郁金香的球茎，也就是种郁金香的根苗，能在荷兰首都最好的地段换一套别墅，可见已经到了疯狂的程度。

我们可以想象到，这种炒作到最后的结局就是崩盘。1637年郁金香崩盘，从这年的2月开始，郁金香的价格突然大幅下跌，导致荷兰全民恐慌，开始疯狂抛售郁金香，直接导致了郁金香市场的崩盘。在几天的时间里，郁金香的价格就降到了不足原来价格的十分之一。起初荷兰政府还出台一些政策进行干预，但最后发现干预不了。一个月以后，荷兰政府宣布所有郁金香交易的合同一律作废。这对荷兰的经济冲击相当大。

郁金香泡沫经济的破碎是在1637年，这也是世界历史上的第一次泡沫经济，距今已经将近四百年了，但这绝对不是最后一次经济泡沫。为什么全球会重复经历泡沫经济？这是非常值得我们思考的问题。牛顿在汇票市场里赔了一万英镑之后说了一句话：我能算出天体运行的规律，但我算不出人类的疯狂。

贪婪导致的疯狂永远是全球经济的不稳定因素。

虽然郁金香泡沫对荷兰的经济构成了很大冲击，但导致荷兰经济最后衰败下去的除了郁金香泡沫经济外，还有一个很重要的原因——竞争对手英国的兴起。

荷兰衰落的思考

荷兰经济的衰落始于英国的兴起。两个国家距离很近，英国也要寻求海上霸权，对于荷兰经济的几个优势行业，如造船、捕鱼、贸易、航海等，英国也具有传统优势。于是英国开始大力发展这几个产业，与荷兰展开了激烈的竞争。

后兴起的英国发展经济的重点目标是打压荷兰。例如，英国国会出台一项法令《航海条例》，其中很重要的一条规定，卖往英国本土及其殖民地的货物，只能用英国或原产地的船只运输，不许用第三方国家的船只。这一条很明显就是针对荷兰的。我们前面提过，荷兰是“海上马车夫”，垄断了欧洲沿海地区的海上交通运输，各国商人都雇荷兰船运货。而按照英国新颁布的《航海条例》，若用荷兰船运输，货物便不能在英国靠岸，也就进不了英国及其殖民地。英国用这种方法逼迫各国不用荷兰船。于是在打压荷兰海上运输业的同时，英国的海上运输业开始逐渐发展起来。

国家之间的经济竞争，是没有什么道理可讲的。就像英国颁布《航海条例》，就是在保护本国的产业，在《航海条例》的保护下，英国把荷兰打压下去，其航运业逐渐发展起来了。

任何国家只有在其商品具有绝对优势的时候，才会提倡自由贸易、自由竞争，当自己产品不行的时候，都会实行自我保护。最近这四百年，人类历史一直是这么走过来的。所以，我觉得全世界所有国家，谁也别指责别国关税壁垒，表面上自己是站在道义的立场上，实际上都是为本国利益着想而已。

自己的产品有竞争力，才大喊自由贸易，打破关税壁垒。一个国家的产品是否有竞争力，看看这个国家针对国际贸易提出的口号就知道了。英国和美国在发展过程中也都曾经历过关税壁垒的时代，而关税壁垒最早是从英国开始的，《航海条例》就是一个典型的案例。

荷兰坚决反对英国的《航海条例》，但是反对无效。矛盾升级后，英国与荷兰直接诉诸武力。在近代以前，战争比拼的是人力，所以在军事斗争中，国家的大小很重要，荷兰是小国，这个时候底气就不足了。当代战争比拼的是科技实力，兵员数量已经没有高科技武器具有决定性了。

17 世纪，英国曾三次挑起对荷兰的战争，双方互有胜负。在 1780－1784 年的第四次英荷战争中，英国取得决定性胜利，开始获取世界金融霸权。

荷兰的衰落还有一个很重要的原因，就是荷兰的产业存在着非常明显的软肋。荷兰以造船业为龙头，拉动海上捕捞、海上运输、海上贸易等产业，这是当时荷兰最主要的几大支柱产业。这些产业，归根结底都和海洋有直接关系，这是问题之所在。

英国和荷兰进行战争的时候，两国没有陆地边界，进行的是海战。英国海上产业不如荷兰发达，所以海上战争对英国的产业影响较小，对荷兰的产业影响较大。海上战争、海面封锁，使荷兰的海上运输业、海上捕鱼业陷入困境。从某种程度上说，英国不是战胜了荷兰，而是把荷兰拖垮了。在 17 世纪发生的三次英荷战争中，英国没有采取速战速决的战术，每次战争总会断断续续地进行十多年，这对荷兰的经济冲击巨大，导致荷兰几大支柱产业衰退。

海上战争与海上封锁对荷兰经济的影响非常大，波兰和乌克兰的粮食，以及挪威和瑞典的木材都运不进来，使得荷兰的拳头产业断了原材料，最重要的日常生活用品断了来源。

直白地讲，荷兰的国家产业不安全，不是说产业自身风险大，而是产业的抗击打能力太弱。敌对国家一切断海路，荷兰就垮了。用今天的话形容就是，荷兰人把鸡蛋全放在一个篮子里了。荷兰的经济离不开海洋，海上不太平，经济就崩溃。如何保证产业安全，提升国家产业的抗击打能力，这是我们今天应该思考的。

我们在前面讲丝绸之路时强调了“一带一路”。当时中国的进出口贸易主要通过南海，必须经过东南亚，这就是把鸡蛋全放在一个篮子里了。假如我们的经济对进出口贸易依赖度很高，而进出口贸易的运输路线又只经过马六甲海峡和东南亚，那么如果这里发生战争，通路被截断，中国经济就会受到巨大的冲击。实际上我们现在提“一带一路”，就是要扭转这种局面。

在 20 世纪八九十年代，我们的对外贸易过分依赖南海这唯一的渠道，深圳就是在这个背景下发展起来的，当然，深圳发展还有别的原因。20 世纪八九十年代去深圳创业，钱很容易挣，发展的机会就像从天而降，原因就是进出口贸易全压在这一个渠道上，而这个渠道的出口就是深圳。深圳能高速发展的基础是全中国给深圳供货，别的地方想学深圳模式，是学不了的。

深圳的进出口贸易，直接面对东南亚，销往世界各地。过分依赖这个唯一的渠道，就会导致产业不安全，这就是个问题。

美国为什么今天在背后支持越南，明天挑唆菲律宾，后天鼓动马来西亚，导致这几个小国全跟中国关系紧张？美国的战略目的就是控制中国最重要的进出口运输通道。如果越南、菲律宾、马来西亚这些东南亚国家跟中国闹僵，不用美国出手，中国进出口的渠道就被切断。南海问题之所以敏感、重要，原因就在这里。

如果中国现在与菲律宾发生争端，军事上菲律宾肯定打不过中国，但因为地理的原因，若这一带海域发生战争，中国对外贸易的运输路线肯定会受到影响。中国既不能出兵把菲律宾占领，也不能派部队登陆菲律宾取缔其政权，这和我国对外政策的宗旨和基本原则不符。但是如果持续纠缠下去，肯定会对中国的对外贸易产生越来越大的影响。

中国面对海外贸易的南海通道未来可能存在的风险，采取的应对办法就是提出了“一带一路”倡议。从这个角度说，这倡议是保证我们产业安全的大战略，也是中国对美国围堵的反击。

一个国家的进出口运输路线必须分散开，这样国家产业才有抗击打能力，否则一触即溃，荷兰就是一个例子，其衰落值得我们反思。荷兰所有的核心产业、支柱产业全部依赖大海，这非常危险。中国作为经济大国，尤其是作为进出口贸易大国，不能走这条路。

因此，一个产业的抗打击能力必须很强大，否则，一旦周围环境发生变化，将会影响自身的生存和发展。我们国家有的产业现在已经面临这方面的危险，如某些行业最核心的技术，中国不掌握，这就存在着危险。一旦这个核心技术被掐断，不仅影响一个产业，而且影响一系列产业。比如，手机芯片就涉及这个问题。

荷兰最后衰落，我认为主要原因有两点，第一点是出现了强劲的竞争对手，第二点是自身产业有致命的软肋。如果还有第三点原因的话，那就是郁金香泡沫经济，但这属于雪上加霜，并不是根本性问题。

荷兰衰落，英国兴起，欧洲的经济重心转移到英国。欧洲近代的转型，最早在佛罗伦萨城邦国家发生，如威尼斯、热那亚、意大利北部这些城邦国家。第二波的代表性国家是荷兰。第三波取替荷兰成为欧洲经济中心的是英国。这三个国家的特点是，经济发达地区的面积越来越大。最早的威尼斯面积不大，只有 200 多平方公里；荷兰比威尼斯大很多，今天的荷兰国土面积是 4 万多平方公里；而今天的英国国土面积超过 24 万平方公里。

这是一种规律——经济的发展，社会的转型，往往从一个狭小的地区开始，但这不是终点，后来取代它的地区的面积会越来越大，体量会越来越大。我们用一个学术名词叫“经济体”，这个经济体是越来越大的。

中国改革开放以前，东亚经济最发达的地区是所谓的“亚洲四小龙”，其中，新加坡的国土面积只有 724.4 平方公里，我国香港地区当时的面积为 1106.66 平方公里，非常类似以前欧洲意大利北部的城邦，大体上相当于威尼斯、热那亚。韩国和日本与荷兰和英国的情况十分相像，都是濒海岛国。韩国国土面积约 10 万平方公里，日本国土面积超过 37 万平方公里，接近韩国的 4 倍，而英国的面积大约是荷兰的 6 倍。我们发现，东亚经济体发展的经历，与欧洲历史上的经历非常相似。

英国世界经济中心的地位最后被美国取代，英国衰落，美国兴起，而美国国土面积比英国又大很多。显然，世界经济体发展的趋势是越来越大。小国虽能在发展中领先，但是笑不到最后，很快就会被取代。经济体发展到最后还靠大国的崛起，从欧美的发展历程来看是这样，从东亚的发展历程来看也是这样。因此，中国改革开放之后，“亚洲四小龙”就都衰落了。如果按照这个道路走下去，中国在亚洲的地位相当于美国在全球的地位。所以，我们可以理解为什么美国要重点打压中国了，这是一种历史经验。

英国的崛起

欧洲经济转型最早兴起的地区是以威尼斯为代表的意大利北部城市。威尼斯有制造业，但这并不是其主打产业，其经济支柱是商业，即与奥斯曼土耳其帝国的贸易。正是因为威尼斯以贸易为支柱产业，才把复式记账法、汇票等跟贸易有关的东西传到了欧洲各地。

第二个兴起的是荷兰，贸易仍旧是其支柱产业之一，但已经不是最重要的产业了。荷兰的造船业、制造业、捕鱼业都非常发达，在产业结构上与威尼斯、热那亚等意大利北部城市已经有所区别，荷兰不是完全依赖贸易和商业。荷兰崛起并兴盛很长时间，有产业结构变化的原因。

第三个兴起的是英国，依靠的是制造业。制造业在英国经济结构中占有很大的比重。

欧洲经济中心从意大利北部城市转移到荷兰，又转移到英国，是一个从东向西转移的过程，这不仅是一个经济体变得越来越大的过程，还是一个产业结构逐渐发生变化的过程，也是一个制造业占比越来越大的过程。

可以说，欧洲振兴的经验是从商业向制造业的转移，最后制造业成为经济结构中最重要的组成部分。

中国的实体经济制造业，最近这些年经历了一个很坎坷甚至萎缩的过程。例如在深圳，辛辛苦苦经营一年工厂，收入远远比不上倒两套房子。这种情况导致大量的资本从实体制造业流入房地产、证券、期货市场，这对国家整体经济结构的影响绝对是负面的。这个趋势从 21 世纪初就开始了，到 2008 年有一个集中的体现，2012 年又来了一次小的冲击，这都是不正常的发展，或者说对整体经济推进是不利的。

历史经验表明，经济的发展不能只依靠商业，英国的崛起就是靠制造业拉动的。中国这样的大国，制造业的萎缩会导致整体经济的滑坡。所以我认为，2016 年以来的经济不景气，实际上就是 21 世纪初开始的中国实体制造业受到冲击带来的结果，这是不正常的现象。

英国最初的制造业是纺织，相对比较有优势的是毛纺。英国早期的棉纺不如印度，印度手工纺织的印花布在英国市场很畅销，导致英国本国生产的棉布卖不出去，最后英国宣布禁止进口印度印花布。这就不是关税的问题了，而是自我保护。

英国纺织业比较强的是毛纺，原材料是羊毛，粗糙一点的产品就是我们现在说的毡子，细致一点儿的就是现在说的呢子。英国早期纺织业的发达，带来产业结构的巨变，产生一个非常有名的事件——圈地运动。

圈地运动与英国产业结构

英国与荷兰不同。荷兰自然条件不好，没有办法发展农业，特别是粮食种植。英国不是这样，英国有足够的耕地，有能力、有条件通过自己种植粮食作物解决粮食问题。

随着毛纺织业的发展，需要给毛纺织业提供羊毛作为原料，于是人们开始养羊。这时候在土地上种粮食，没有养羊收入高。于是就出现把农民从土地上赶走，将土地合并成大牧场养羊的趋势，这叫圈地运动。圈地运动的背景是英国毛纺织业的发展，对原材料的需求增加，导致羊毛价格上涨，这对整个英国的产业结构形成一个巨大的冲击。

原来种地的农民被从土地上撵走，而养羊所用劳动力数量远远小于粮食种植所需劳动力，所以农村多出了大量的劳动力。大量失去土地的农民进城，为早期制造业发展提供了廉价的劳动力。所以说，圈地运动不仅保证了纺织业的原料，更重要的是改造了英国的产业结构，还保证了早期工厂的劳动力。

圈地运动使大量农业人口转化为手工业人口，为手工业发展提供了廉价的劳动力。英国早期手工业的竞争力是劳动力便宜，有很多书里对早期资本主义发展的控诉是劳动时间长、强度大，劳动环境恶劣，而且还使用童工。但现在历史学家研究发现一个问题，好像不是资本家刻意要雇佣童工，而是这些没有土地的农民举家迁入城市以后找工作，工资太低不够生活，没办法只能全家都参与工作，因而他们希望雇主能够雇用全家人。对工厂主而言，以家为单位建立雇佣关系不仅可以节省工资支出，还有管理方面的便利，很多时候工厂主只需要和户主沟通，这一家人就都没有问题了，很便于管理，所以工厂主也愿意整家雇佣。归根结底，由于圈地运动，导致劳动力极其便宜，这是英国制造业发展具有竞争力的很重要原因。

中国在改革开放之后制造业迅速发展，贸易遍布全世界，很重要的一个原因也是劳动力便宜。是否大国的崛起都有类似之处呢？这是值得我们思考的问题。

农业社会早期就存在纺织业，纺织业的历史相当古老，英国第一个发展起来的产业是纺织业，可以说不是创新，也不是新兴产业。但英国另一个支柱产业钢铁业在当时是新兴产业。

传统农业社会对钢铁的需求少、用量小，而到英国兴起的时候，钢铁的用量开始增加。举个例子，传统的造船业基本原材料是木材，而这个时期正开始制造铁甲战船，钢铁变成造船的主要原材料，这无疑导致了钢铁需求量的大幅度上升。

在人类社会经济发展的历程中，材料变化起的作用巨大。伴随近代社会的发展，许多产品的原材料由原来的木材转变为钢铁，也就是说，在日常生活中，木器越来越少，钢器和铁器越来越多，因此对钢铁的需求量越来越大。这时候，一个国家的钢铁需求量和钢铁产量，往往标志着这个国家近代化、工业化的程度，因此当时在比较各国综合国力的时候，钢铁产量往往是其中一项重要参数。历史发展到今天，钢铁产量显然已经不具备这样的意义了，其背后的原因就是材料的变化，很多以钢铁为原材料的产品都已经被塑料制品所替代了。

我们前面说过，人类经济转型的一个重要因素是交通运输，那么第二个重要因素就是材料的变化。

英国钢铁产业非常发达，在这种变化中就占据了优势。当时炼钢铁的燃料是木材，所以英国早期的钢铁厂选址都不能离城市近，具体地理位置有几个特点：第一，附近有大面积的森林；第二，距离铁矿产地比较近；第三，旁边有河流，方便运输。

钢铁产业对燃料需求很大，一座高炉炼钢 24 小时就要砍倒一片树林才能供得上。最后的结果就是，只要建立一个钢铁厂，半年以后一片郁郁葱葱的森林就变成光秃秃的荒山。英国境内木材被大量砍伐，于是英国开始寻找新能源，因此英国是第一个大量使用煤的国家。

由于森林很快被砍伐干净，为保证能源供应，英国全社会开始使用煤，不仅是制造业用煤，后来包括啤酒厂、百姓的烹饪以及取暖，都开始用煤。当时伦敦几万人口日常生活也全使用煤，导致那个时候的伦敦成为“雾都”，空气污染十分严重。威斯敏斯特大教堂的画像隔两年就得重画一次，市中心广场的铜像总得清洗，空气中飘荡着肉眼可见的颗粒，甚至连英国的皇宫都不能幸免。

煤的大量使用，虽然有环境污染的副作用，但它的正向作用远远大于副作用。煤炭的使用，解决了英国的燃料问题、能源问题，使得相关制造业顺利发展。

英国崛起的原因

英国制造业能够崛起的原因是什么呢？为什么是英国，而不是别的国家？现在很多历史学家都在研究这个问题，但目前我看到的一些观点，都好像不能从根本上说明问题。

有一位美国学者将英国和中国进行对比，分析为什么英国能够发展起来，而中国变得比较落后。这位学者研究的结论是，英国的煤矿和铁矿离得近，有煤矿的地方也有铁矿，这样它的钢铁产业就很容易发展起来；中国有煤矿的地方没有铁矿，有铁矿的地方没有煤矿，所以钢铁产业发展不起来。这样的解释，我觉得还不如用国土面积的大小来说明，英国的面积很小，当然距离哪儿都近。

英国内部有发达的水运，内河航运跟海运相连接，这是它的优势，且铁矿和煤矿距离又近，所以钢铁产业迅速发展起来，拉动其他产业。我觉得可能还有一种历史的契机。我们前面提到，西班牙、葡萄牙发现美洲之后，把美洲的白银大量运回国内，导致国内通货膨胀。西班牙、葡萄牙没有真正从获得的美洲白银中获益，反而给其国内的产业结构带来了负面影响。因为通货膨胀，导致西班牙、葡萄牙的人工成本增加，手工业全面萎缩，而英国和荷兰的手工业产品价格便宜，因此英国和荷兰向西班牙大量倾销手工业产品，冲垮了西班牙、葡萄牙自身的手工业，荷兰和英国的制造业以此为契机发展起来。

更简单点儿说，就是西班牙、葡萄牙从美洲抢来钱，然后拿抢来的钱买英国货、荷兰货。英国和荷兰把握住了这次历史的机遇，发展起自己的制造业。

实际上，中国的改革开放也是把握住了历史的机遇。时机很重要。我们换一个角度来思考更容易想明白：如果中国今天才开始进行改革开放，能达到当年的效果吗？答案显然是否定的。由此可见时间点很重要，中国改革开放的时间点刚刚好，又紧紧抓住了历史的机遇，中国才真正复兴，开始崛起。

英国制造业对世界的影响

英国制造业崛起之后，产生的影响是世界性的，主要有三点。

第一个影响是，造就了欧洲内部的区域差异。

英国崛起之后，紧接着是法国，西欧成为欧洲最发达的地方，也是制造业最发达的区域。东欧相对落后，就演变成西欧原材料、农副产品供应地，典型的国家就是波兰。

这时期波兰出口大量粮食到西欧，甚至导致国家体制的一些微妙变化。因为波兰发现出口粮食收益很高，就开始兴建大农庄，用农奴劳动。用农奴成本低，这样出口差价大，刺激了东欧国家，包括俄罗斯。

欧洲的区域差异从这一时期开始明显体现出来，而且这种格局到今天都没变。今天还是西欧发达、东欧落后。

第二个影响可能是更为重要的，即欧洲制造业的发展逐渐促进全球经济的一体化。

欧洲在全球为它的商品寻找市场。欧洲人向全世界发动经济侵略，建立殖民帝国。这也间接地促进了全球经济一体化，从这方面说，是积极的。

欧洲制造业发展起来之前，不存在“全球经济一体化”这种概念，全世界分成几个经济区，例如，中国加上中国周边几个小国，就是东亚，是一个独立的经济区。独立经济区内部互通有无，贸易比较发达；经济区内部和外部的来往相对非常少，一个经济区发生了重大变化，影响不了另一个经济区。但在英国兴起之后，随着殖民帝国的建立，全球经济成为一个整体。全球经济一体化发展到今天，没有任何一个国家和地区能够独立于全球这个经济体之外。一个地区发生变化，影响会波及全球。全球的经济已成为一个整体，不论是发达地区还是不发达地区，只要出现一些经济方面的问题，就会波及全球。

第三个影响是，带来了产业结构的新变化。

我们前面谈到的英国钢铁产业，就是一个典型的例子。随着英国的发展以及大机器的使用，产业结构发生变化，我们称之为工业革命。

早期英国的发展远远未涉及工业革命。工业革命的产生背景是英国的产品卖向全球，供不应求，需要扩大生产，只依靠手工的产量满足不了扩大生产的需求，最终机器被采用，以扩大产能。

新技术的发明是一回事，新技术的应用是另一回事。新技术尽管被发明出来，但没有市场需求，也不会得到普遍应用。很多历史学家都已经指明，英国以纺织业为例，珍妮纺纱机的发明和最终大规模的应用，中间间隔了很长一段时间。包括我们熟悉的瓦特蒸汽机，其发明和大规模应用中间也是存在一个时间差的。根本原因就在于，刚刚发明的时候还不存在相关的市场需求。随着全球贸易的开展，市场逐渐扩大，需要扩大生产，所以大机器的使用，带来了欧洲的工业革命。

工业革命对人类生存方式的影响

欧洲的工业革命对整个人类的生存方式产生了巨大的影响。

工业生产机械化以后，人成为机器的助手，这是工业革命带来的最大变化。在这之前，古代的制造业叫手工业，依靠人的一双手来生产，所使用的工具只是起辅助作用。例如，修鞋用锤子来钉，锤子是人的辅助工具，主要还是靠人的双手，所以叫手工业。改为机器生产之后，机器主要用来生产，人只是辅佐机器的，生产的主力不是人，而是机器。

这种变化冲击到人类的生存方式。原来手工生产的时候，可以以一家一户为一个独立的生产单位，在家里生产，生产时间由自己决定。但在进行大机械生产之后，生产的地点和时间发生了变化。首先要有安置这些机器的地方，家里放不了，就出现了厂房，而人需要到工厂里进行生产，这就造成了在工厂工作的人的工作空间和生活空间的分离。

既然需要到工厂来生产，就必须统一劳动时间。大家都按固定时间上班，所有人都在自己的工作岗位上时机器才能启动，否则机器开动不了。工厂把人集中起来，统一时间，在同一地点开始工作，这是工业革命对人类生活产生的另一个明显的影响——准时上下班。

因为生产场所和生活场所相分离，下班之后回家，早上起来到工作地点上班，改变了人的生存模式。在手工业作坊时，后边是住宅兼生产作坊，前面是店铺销售，产销一体，生产空间和生活空间一致。大工业兴起之后，人的生活模式改变了，人的生活空间和生产空间相剥离，生活和生产相剥离。这是工业革命带来的最大冲击，改变了人们的生存模式。

甚至有学者认为，我们现在一日三餐的生活习惯，也是受大机器生产的影响。传统农业社会时很多地方是一日两餐，吃完早饭下地劳作，干完活儿回家再吃的就是晚饭了。比如中国古代的农民，在相当长的时间里就是一日两餐，早晨九点多钟一餐，下午三四点钟一餐，这是由工作内容和性质决定的。

现在有学者研究认为，欧洲人将每日两餐改为三餐，与工厂、机器化生产有关。资本家要增加剩余价值，也就是要让工人多干活儿，就得延长工人的工作时间。但是，如果从早上八点一直工作到晚上八点，工人受不了，所以就在中间增加一顿饭，来补充体力和休息，这样就能把每天的劳动时间延长。如果按传统农民的生活方式，早上八九点钟吃饭，然后去田间劳动，劳动结束后回家吃晚饭，每天的劳动时间最多只有 6 个小时。如果在中间增加一顿午饭，将早晨开始劳动的时间提前，晚上下班的时间延后，一整天的工作时间往往可以达到 10 小时以上。欧洲工厂早期都是一天工作 12 小时，当代的每天 8 小时工作制，是欧洲工人阶级不断斗争的结果。

人类的生存方式受经济结构转变影响非常大。我读过一个英国学者的研究，这名学者认为工业化生产连教会都受到了影响。他研究发现，十七八世纪教堂祈祷时的钟声，都随着两餐变三餐而改变。简单地说，就是教会为适应一日三餐，更改了敲钟的时间。

大西洋三角贸易

英国的崛起，是依靠制造业发展起来的，但后期，商业在英国经济中占据的比重开始增加，特别是国际贸易在经济中占据的比例越来越大。其中非常典型的例子就是所谓的大西洋三角贸易。

欧洲很多国家都进行过类似的三角贸易，英国的三角贸易是做得最成功的，也是最典型的。

英国的三角贸易是通过大西洋来进行的，所以也称大西洋三角贸易。前面我们谈到过，美洲的大种植园主需要奴隶作为劳动力。英国的具体做法是，用手工业制品到非洲交换奴隶，再把非洲黑奴卖到美洲的大种植园。英国将工业产品和非洲奴隶一起卖到美洲，再把美洲当地的土特产品运回欧洲。美洲成为英国产品的倾销地，同时成为欧洲工业原材料的供应地。这样的循环贸易，我们称为大西洋三角贸易。

欧洲从美洲进口的货物是糖和烟草。我们前面提到美洲的大种植园种甘蔗，把甘蔗榨成糖，然后卖到欧洲，还有的大种植园种烟草，把烟草卖到欧洲。

印度的棉纺织业早期比较发达，后期英国的纺织业发展起来，逐渐成为世界上技术和经济实力均最发达的纺织业，开始向印度倾销棉布，导致印度手工棉纺织业全面崩溃。有学者统计，印度的手工棉纺织业在英国的棉纺产品进入印度市场之后，几乎萎缩到原来份额的十分之一，大量的纺织工人失业，给印度经济带来很大的负面影响。

英国棉纺织业的原材料是棉花，但英国不产棉花，主要从北美进口。美国在独立战争之后，唯一一次的内战——南北战争，起因就是南方要求实行奴隶制，北方要求废除奴隶制，最终南方各州宣布脱离美国，另外成立一个政权，南、北之间还打了一场战争。战争持续了四年，最后北方把南方打败，美国重新统一。南方支持奴隶制的原因，是从殖民地时代，即美国还没有独立的时候，南方大部分地区是英国的殖民地，这些地区主要生产棉花，然后卖到英国，供应英国的棉纺织业。

美国的棉花生产继承了美洲的大庄园制。在加勒比海地区的大庄园生产蔗糖、烟草，美国南部的大庄园生产棉花，虽然种植的品种不一样，但是大庄园内部的结构、运作模式是一样的，都是使用黑人奴隶。美国南部各州的支柱产业就是棉花种植，因此大庄园购买很多黑人奴隶种棉花，再把这些棉花卖给英国，奴隶和棉花都是三角贸易中很重要的产品。

英国人把纺织品卖到美洲去，然后从美洲把棉花买进来，美洲成为英国的原料供应地和产品销售地，这中间的差价，就是英国财富的来源。

非洲内部的经济活力

三角贸易里重要的一角——奴隶贸易，给非洲带来的影响巨大。在长达几百年的时间里，非洲一直存在着奴隶贸易，上百万的非洲人被卖到美洲当奴隶。非洲在上百年的时间里是人口外流地区，可这个地区的人口总量并没有减少，说明非洲人口的自然增长率相当高。在这个人口高增长率的背后，绝对不可能是那种原始的渔猎采集经济。为什么要谈人口问题？这是国外学者最新的观点。

从这个角度去分析，当时的非洲大陆内部经济已经比较发达，自身具有很强的经济活力。非洲正因为具有经济活力，才能支撑人口的高增长率，才能保证在每年人口大量外流的情况下，人口总量却不减少。

非洲学者也认同这种观点，认为非洲内部的经济已经很发达了，但这种经济活力很快被欧洲给扼杀了。原因是非洲被欧洲各国瓜分，成为欧洲各国的殖民地，最极端的时候，非洲只有两个独立国家。整个非洲经济发展中断，变成了单一形式。殖民者把非洲变成原料供应地和产品倾销地，不允许非洲发展工业，这就导致整个非洲产业的畸形。这对非洲的影响是非常深远的，甚至到今天这种影响依然存在。

从 20 世纪开始，非洲各国纷纷独立，但只是政治上的独立，经济上远远没有独立。殖民时期造成的产业结构单一，短时间内扭转不了。这是历史的原因，也是非洲经济落后的深层次原因。

我们都认为奴隶贸易是反人性的，是罪恶的，为什么能持续上百年？这背后是经济利益的驱动。美洲奴隶制的废除，是在美国内战之后，而不是在美国独立以后。美国内战南方失败，美国才正式宣布取消奴隶制。在这之前，英国已经取消奴隶贸易，宣布奴隶贸易为非法。有历史学家认为，英国宣布奴隶贸易为非法，很重要的一个原因在于经济。随着时代的发展，奴隶贸易没有原来赚钱了。

非洲许多地区是由欠发达的农业社会甚至是渔猎采集社会直接进入到殖民地时期，从一开始其产业结构就片面地、畸形地发展着，虽然现在非洲各国在政治上已经独立，但其经济的依赖性仍旧存在。这是我们在发展对非洲贸易时应该注意的问题。

早期海外贸易模式

英国在制造业崛起之后，其商业，特别是国际贸易，也开始逐渐发展起来。从经济角度来说，这是一个必然，工业发展起来之后必然会走国际贸易这条路。原因是制造业发展起来之后，产品要有销售市场。像中国这么大的国家，国内市场就很大，只要拉动内需就可以了。但英国面积小，靠内需不能支撑其工业发展。欧洲国家面积都小，仅靠国内需求支撑不了制造业，制造业规模也不会扩大。因此，欧洲的制造业发展起来之后，就必须为产品寻找海外市场，海外贸易自然就会发展起来。这是欧洲所有国家发展的一个必然结局。

随着全球经济一体化以及欧洲各国海外贸易的发展，东方的印度、中国等所谓的远东地区，成为欧洲很重要的产品销售地。原因很简单，这些地方的国家领土大、人口多，经济比较发达，有一定的购买力。

非洲被瓜分的时候，除了作为原料产地，也准备作为产品的倾销地。但商人发现英国的棉布运到非洲后非洲人买不起，但卖到中国的销量不错。欧洲和远东地区之间的距离很遥远，因此欧洲国家，以荷兰、英国为代表，早期发展和东方的贸易时，主要的思路是控制海上交通路线。

在当时的技术条件下，没有办法在海上建立堡垒要塞。所以，控制海上交通路线的方案就是在海上贸易路线沿岸的一些重要地区建立殖民点。欧洲国家守住几个殖民点，以保证贸易路线的畅通。这是欧洲早期的做法。荷兰、西班牙、葡萄牙都是这样做的。

印度的果阿和中国的香港、澳门都是典型的殖民点。要守住这些殖民点，往往需要有驻军，这样一来，控制贸易路线的成本就提高了，仅靠与东方贸易的利润很难维持对贸易路线的控制。

英国早期控制海上交通路线的方案也是建立贸易路线上的殖民点，比较典型的是英国的东印度公司。英国国王授权东印度公司，全权垄断对印度的贸易。与东方的贸易固然有高额的利润，但也有巨大的开支。刚开始东印度公司也是沿途建立殖民点，但后来发现经济上不合算，因为维持沿途殖民点是需要巨大开支的。于是英国开始改变思路，不再建殖民点，而是建立殖民地，把当地完全控制住。控制大面积的殖民地之后，经营模式开始转型，宗主国与殖民地之间不仅做商品贸易，宗主国还要将殖民地变成其原料供应地和产品倾销地，这样利润就大幅度提高了。

比如，印度被英国控制之后，印度本土的工业全面崩溃，工业制品都从英国进口，印度本地生产的香料等土特产品销往英国。印度变成了英国原材料供应地，印度棉花运到英国，织成布之后再卖回印度。殖民地经济是这样一种循环模式。

可以说，英国摸索出了一种新的剥削方式。英国实行的大西洋三角贸易本质上也是这样的。殖民地的作用，就是要把这个地方变成殖民国家国内工业的原材料供应地和产品倾销地。

实质上，中国清朝末期乃至民国初年，中国的民族产业发展不起来，原因也是受外来产品冲击太厉害。我们都知道，签订不平等条约的时候，往往关税是最重要的一项。因为没有关税自主权，外国往中国倾销货物时收多少关税，中国自己说的不算，得跟外国商量，这就是协商关税。因为关税被压得极低，中国就没有办法建立关税壁垒来保护民族产业。

所谓的关税贸易壁垒，对本国经济是一个很重要的保护措施，这也是我们强调国家主权的一个原因。比如，改革开放初期，中国进口外国轿车的关税很高。那时候我们的汽车产业还没有建设起来，我们自己生产的轿车竞争力不行，所以必须增加关税。进口轿车上完税，在中国市场价格很高，因此不可能占领中国市场。如果改革开放初期，对外国轿车不征收那么高的关税，美国、日本、德国的轿车在中国大量倾销，那么中国汽车制造业怎么发展？我们的民族产业根本就不可能发展起来。

从清末到民国，中国的制造业、民族产业发展不起来，重要原因就在于我们没有关税自主权，受外来产品冲击非常大。所以我们历史教科书上就定性：中国是半殖民地半封建国家。我们还没有完全沦为殖民地，经济就受到这么大的冲击，可想而知，对于已经完全变成英国殖民地的国家来说，受到的影响有多大。

英国这种殖民地的构建，对广大亚非拉国家产生了非常大的危害，给当地经济带来非常大的冲击，但这不是纯经济问题。我们从纯粹经济的角度去谈，英国是为它自身的发展寻找到了一个新的道路。当然，这条道路是损害其他国家利益的，英国就是在这个基础上发展起来的。

英国最疯狂的时候，殖民地遍布全球，所以英国有一个绰号叫“日不落帝国”，意思是全球都有英国的领土。英国本土的面积并不大，但加拿大、澳大利亚、印度、非洲大部分地区全是英国的殖民地，至此英国达到了它的鼎盛时期。

从殖民地经济到英联邦

中国有一句古话，叫“成也萧何，败也萧何”。英国达到鼎盛，靠的是殖民地政策，其最后的衰落也与此有关。

随着殖民地纷纷独立，英国就衰落下去了。原来的工业生产原材料产地独立了，原来的产品倾销地独立了，以前中间的巨额差价就没有了。殖民地没有独立以前，供应原料，英国能够把价位压得极低，而工业产品在殖民地倾销，因为殖民地没有权力制定关税，所以英国只赚不赔。印度没独立以前，政治上受英国统治，英国从印度进口棉花，印度没权力涨价。印度独立之后，棉花的价格由印度决定，英国的经济一下子就受到巨大冲击。

这些殖民地的独立，源于各国人民的奋起反抗，也导致了英国控制成本提高。讲世界史，都会提到印度民族反英大起义。英国为镇压起义，控制成本提高了，所以英国开始逐渐主动甩掉某些殖民地。例如，对于澳大利亚、加拿大，英国没有等到殖民地起义反抗，便主动让这些地方独立。

英国主动把殖民帝国解体掉，等于换了一种模式，但还留了个尾巴，成立了所谓的英联邦，就是共同组成一个大的联盟。加拿大、澳大利亚都是英国让它们独立的，独立之后，是英联邦的成员，加拿大名义上的国家元首仍是英国女王。这个影响力在今天还存在，这些英联邦成员在政治上、经济上的关系还是比其他国家要密切，这是英国外交政策的一个成功之处。

从殖民帝国到英联邦的转型，保存了英国的国际影响力。虽然经济上的影响是负面的，但从政治、外交的角度来说，保存了英国的影响力，可以说是顺势而为。主动顺应历史潮流，进行改革，这是英国外交的灵活之处。

经济对比的正确思路

我们至少可以将欧洲的经济发展分成三种类型。第一种是意大利北部地区的城邦经济，即以商业为主、手工业为辅的经济类型。这些地区主要依靠跟东方的贸易，是作为东西方贸易的枢纽、中转站起家的。第二种是荷兰经济，依靠一个产业的技术革新，打造出龙头产业，并由此拉动一系列支柱产业的发展，走向了兴盛。在荷兰的经济里，贸易所占的比重仍旧比较大。第三种是英国经济，主要依靠制造业崛起。英国把工业产品卖到全球，建立殖民地，带来了最后的鼎盛。

这三种欧洲经济发展类型中，前两种影响不大，而第三种类型影响非常大。欧洲各国全跟着英国学，开始在海外寻找殖民地。比如，比利时是个小国，比荷兰还小，但比利时在非洲有殖民地。看到了英国的崛起，欧洲其他国家纷纷开始建立海外殖民地，可以说在英国的带领下，这种模式成为欧洲各国通用的模式。当然主要是西欧各国，东欧一般不参与，这是由欧洲内部差异导致的。

现在美国历史学界有一个比较流行的观点，即谈经济发展时，把中国和英国进行比较是不科学、不成立的，因为这两个国家不具备可比性。

他们认为，中国的面积相当于整个欧洲的面积，二者体量相当，进行经济比较研究时，把中国和欧洲进行比较，这样看问题才能客观准确。拿中国和欧洲最发达的英国比，最后得出“在清朝中国经济相当落后”的结论，这是不科学的。

欧洲有发达的西欧也有落后的东欧，中国也有发达的地区和落后的地区，把欧洲跟中国总体进行比较，才能看出中国和欧洲的经济发展水平到底有多大的差异。若是与英国进行比较，不能将整个中国和英国比，要用中国最发达的地区和英国比，因为英国是欧洲最发达的地方，所以应该拿中国的江浙——明清两代最发达的地方，和英国进行比较，这样才具有可比性。如果要研究东欧，用江浙和东欧比，东欧就显得太落后了，东欧应该和中国西部对比，这才是科学的比较研究方法。

上述这种历史学家的研究思路教会我们，只有看问题的思路对，结论才有可能正确；如果思路错了，那绝对不会有正确的结果，所以思路很重要。

两次世界大战的影响

英国在全球建立殖民地，成为“日不落帝国”，带来两个影响。第一，欧洲各国纷纷效仿，开始在全球建立殖民地。用我们教科书上的话就是，“掀起了欧洲帝国主义瓜分世界的热潮”；第二，在这个过程中实现了全球经济一体化。

欧洲内部的发展并不平衡，后兴起的国家在资源等各方面都受到很大限制，最典型的例子是德国。德国在地理位置上介于西欧与东欧中间，距离西欧比较近，所以德国学习了西欧的模式，但德国的兴起比较晚。我们前面谈到，欧洲最开始从意大利的北部城市兴起，接着是荷兰，然后是英国，再接着就是法国，法国一直在追赶英国。英、法、荷兰等国家的兴起，对德国有很大的影响。德国也想按照这个模式发展，但发现自己来晚了，大家都分得差不多了，好地方都被占了。所以说，第一次世界大战爆发的根本原因就是欧洲列强的“分赃不均”。

这种“分赃不均”的背后，是经济发展快慢、先后的问题。西欧先发展起来，西欧各国已经出去建殖民地的时候，还没有德国，德国还是一百多个分裂的小诸侯国，还没有统一。德国统一并迅速强大起来之后发现，必然得和这些已经把地盘都占好了的老牌西欧国家竞争。这种竞争最后就导致暴力冲突，就是第一次世界大战的爆发。

第一次世界大战没有从根本上解决问题，一战后的德国迅速复兴。当然这里也有欧洲方面的原因，法国和德国接壤，法国最主张遏制德国。德国战败，按照法国的态度，应该把德国打压到崩溃，但关键时刻英国撤了。

英国是岛国，不是大陆国家，因此在外交上长期执行大陆均衡政策。所谓大陆均衡政策，还有一个比较有趣的说法，叫“离岸平衡手”。作为岛国，英国在外交上认为，最好让欧洲大陆出现两个或者两个以上势均力敌的国家，这样英国的安全才能得到保证，英国的地位才能凸显。英国在外交上长期执行大陆均衡政策，就是不让欧洲大陆的其他任何一个国家单独强大。

以史为鉴，东亚的日本与英国的差别就在于，日本的邻国中国是一个长期统一的大帝国。日本是岛国，英国也是岛国，但英国面临的欧洲大陆长期分裂，没有一个强大的独立政权，而中国长期是一个庞大的帝国，日本作为小岛国，长期发展受限。因此日本一旦强大起来，就得打中国，这是历史的必然。

历史上只要日本崛起，第一步必进攻朝鲜半岛，而且要以朝鲜半岛为跳板进攻中国。只不过在古代的时候，我们把日本遏制得非常好，日本的这个野心实现不了。

历史上，唯一一次日本的野心得以实现，就是近代。先是1910年日韩合并，吞并了朝鲜半岛，接着攻打中国东北，建立伪满洲国，然后全面侵华，中国人深受其害。在近代，我们没有控制住日本，但在的历史上，我们一直是统一的大帝国，一直把日本压得死死的。

以东亚为例再看欧洲，我们就不难理解英国为什么执行这种外交政策了。英国不能让欧洲大陆上存在一个强大的政权，那样对英国没有好处，所以英国长期执行大陆均衡政策。

第一次世界大战以后，德国迅速复兴，除有英国的因素外，也和希特勒上台有关，希特勒提出的口号是“要大炮不要黄油”。希特勒把经济都投到军工上，德国的经济是为战争服务的经济。要大炮不要黄油，就是连老百姓日常用品的生产都可以压缩，但是军工生产必须优先保证。德国迅速复兴，开始走上纳粹路线。

德国的迅速复兴，并不是在经济上整体达到了世界先进水平，而是德国要走扩张之路，所以德国的经济走向畸形发展——发展军工，最后导致第二次世界大战很快爆发。

第一次世界大战对全球经济的影响远远没有第二次世界大战严重。第二次世界大战，简单地说，欧洲成为主战场，把欧洲各国全打残了。德国在第二次世界大战之后，男女比例是1∶7。第二次世界大战后，欧洲制造业受战争影响非常大，几乎是摧毁性的。战争需要大量的经费，战争后期经费紧张的时候欧洲向美国借钱。美国在第二次世界大战之前是欧洲的债务国，等到第二次世界大战结束之后，美国是欧洲最大的债权国，欧洲各国都欠美国的钱。

第二次世界大战使美国迎来了发展的契机。借着这场世界大战，美国的制造业发展起来。欧洲各国制造业的工厂都被炸没了，制造业全面崩塌，美国的商品占领了原来欧洲商品占领的市场。可以说，除了美国自身的、内在政策方面的原因外，第二次世界大战是美国发展的一个契机。

工业革命

工业革命，简单地说，就是在生产领域机械大生产取代手工生产。前面我们谈到威尼斯与荷兰的时候，提到它们的工业是手工业。手工业生产和机械大生产是两个概念，虽然都是制造业，但制造方式不一样。

手工业生产，人是生产的主要参与者，机械、工具是人的辅助器具。而在机械化大生产中，生产的主力变成机器，人辅助机器生产。从传统的手工业生产到机械化大生产，这个演变过程，我们称之为工业革命，字面意思是在工业领域里发生了一场革命。简单来说，工业革命就是一个转变过程，而这个过程对人类社会最大的影响，就是改变了人类的生存方式。

虽然我们称之为革命，但这场变革不是一蹴而就的，不是在短时间内完成的。工业革命前后大概经历了一个世纪才完成。

工业革命首先在英国兴起。

工业革命产生的背景是英国建立殖民帝国后，产品销向全世界，随着销量的增加，产品变得供不应求，需要扩大生产。扩大生产依靠人的手工，产量不能满足需求，所以便求助于机器来提高产量。我们常说的一些纺织技术革新，它的发明和广泛应用之间有个时间差，即新技术发明出来后，因为没有需求，所以不能得到广泛应用。工业革命开始后，需要大规模提高产量，人们开始使用机器，技术革新才得到广泛应用。

人类历史经历了渔猎采集社会、农业社会，在工业革命之后，才进入一个新的社会类型——工业社会。工业革命带给人类最大的影响，用一句话概括是，使人类由农业社会、农耕社会进入工业社会。

目前，学者对今天是否还处在工业社会之中，是有争议的。有的学者认为，人类社会已经完成另一次飞跃，完成另一次革命，已经脱离了工业社会，进入另一种新型社会。这种新型社会，有人称之为信息社会，有人称之为后工业社会。但也有学者认为，我们今天仍然生活在工业社会之中，还没有完成转型，正处于转型之中。

工业革命在经济方面带来的影响是机械化大生产，产出的不是粮食，而是工业制品。人类进入工业社会之后，在经济层面上最大的变化是生产工业制品，并且这种生产成为人类社会生产的主流。生产和消费相互配套，生产是为了满足消费，消费又促进了生产。人们开始消费越来越多的工业制品，而不是农产品。

如果从人类生存的角度来说，早期渔猎采集社会所谓的生产，只是为了保证温饱，渔猎采集社会下所有的经济活动，只是为了保障食物的供应。农业社会在这个基础上，往前推进了一步，有了手工业产品，但为了获取食物而生产仍旧是生产的主流。在农业社会的人类生产活动中，占比最大的还是食物的生产。到了工业社会就不是这样了，这是一个巨大的变化。

工业社会生产的主流不再是食物的生产。人类在消费越来越多工业制品的时候，生活变得越来越丰富多彩。工业社会带给人类生活最大的益处，从正面说是生活品质的逐渐提高。随着科技的发展，每个人都过上了类似古代帝王的生活，甚至超越了古代帝王的生活，人类生活变得越来越奢侈。

在工业社会，生产和消费的主流都是围绕工业制品展开的。这些工业制品的作用，就是提高人类的生活质量。进入工业社会以后，所谓的社会进步，就是不断地把原来的奢侈品变成日常用品的过程。

恩格尔系数

从经济的角度说，工业社会带来的变化是，食物在个体消费开支占比中不再是最大的。而渔猎采集社会，全部消费都用在食物上；农业社会，普通人消费的70%—80%用在食物上。

19世纪德国统计学家恩格尔，提出一个经济学的概念——恩格尔系数。恩格尔系数指一个家庭中用于食物的开支在家庭总开支中所占的百分比。具体来说就是，恩格尔系数越低，证明社会越富裕，社会平均生活水平越高。反之，证明社会越贫穷。

用恩格尔系数去衡量古代农耕社会，中国的唐朝以及欧洲的古罗马，都是穷困社会。家庭支出的百分之七八十都用于购买食物，没有余钱购买其他东西，这是贫困的标志。

联合国根据恩格尔系数的大小，对世界各国的生活水平制定了一个划分标准，即一个国家平均家庭恩格尔系数大于60%的为贫穷；50%—60%为温饱；40%—50%的为小康；30%—40%的为相对富裕；20%—30%的为富裕；20%以下的为极其富裕。按此划分标准，在20世纪90年代，恩格尔系数在20%以下的只有美国，达到16%；欧洲、日本、加拿大，一般在20%—30%之间，是富裕状态；东欧国家，一般在30%—40%之间，相对富裕。因此说，现代社会美国最富裕，因为全美恩格尔系数的平均值只有16%，是全球最低值。

中国在改革开放初期，1978年，城镇居民家庭的恩格尔系数为57.5%，农村居民为67.7%，平均在60%以上，属于联合国标准划定的贫穷社会。到2010年，中国城镇居民家庭的恩格尔系数已下降到35.7%，农村居民下降至41.1%，平均在30%多一些，只是达到了联合国规定的相对富裕的标准。所以说，中国还没有进入发达国家的行列，与欧美比较，我们的经济发展水平、社会富裕程度都还低一些。

这种测算方法说明一个问题：食物在家庭支出中占的比重越低越富裕。美国家庭支出中只有16%用于购买食物，其余84%都用于购买工业产品，这才是工业社会的标志。人类的消费主要在购买工业产品上。如果没有消费，就没有发达的工业，所以生产的前提是必须有消费。

人类消费的工业产品越来越多，或者说开始消费的已经不是生活必需品，人们虽然不断把奢侈品变成日常用品，但这些产品实际上并不是必需品。冰箱、空调在今天被认为是生活必需品，但实际上是可以没有的。进入工业社会之后，人们奔波劳累挣钱，总觉得钱不够花，原因是消费的工业产品越来越多。正因为消费的工业产品越来越多，才导致工业规模越来越大，工业成为生产的主要部门，因此把这样的社会称为工业社会。

供需关系，是生产和消费的关系，是社会经济发展永恒的一对关系。在推动经济发展的时候，我们应该考虑市场，考虑消费。换句话说，人类社会的工业和经济要想不断向前发展，就要不断引导消费者把奢侈品变成日常用品。要想推动经济，特别是实体经济的发展，就必须有顾客来消费产品。而引导消费，就是一个不断把奢侈品变成生活必需品的过程。这是开发新产业、开拓新市场的一个思路。

这是工业社会和农业社会之间的一个巨大的区别。农业社会是人类存在对产品的需求，才有产业去满足需求；工业社会是在想尽方法引导人有这种需求，然后再去满足这种需求。

社会发展的三个重要方面

工业革命给英国产业结构带来了巨大的变化。

英国靠纺织业起家，但这不是根本，纺织业不是新产业，而是传统产业。随之出现的新产业是钢铁业，因为炼钢需要燃料，为避免大量砍伐森林，燃料也出现了新产品——煤。

接下来，非常重要的是蒸汽机的发明。蒸汽机是一种通用技术的产物。所谓通用技术，是指能够被应用到很多产业、很多领域的技术。如果发明一种技术，只有一个行业能用，那不是通用技术，很多产业都能用，才是通用技术。通用技术，从人类技术的发明、推广角度来说，是最有价值、最重要的技术。蒸汽机就是典型的通用技术产物，在英国，就连造酒行业都用蒸汽机做动力。蒸汽机在交通运输领域的应用就是出现了火车、轮船，极大地提高了人类的交通运输能力。

交通运输能力的提升，可以说是全球经济一体化，乃至工业社会不断发展的一个前提和基础。产品迈向全球，需要依靠安全快捷的运输能力来实现。工业社会发展的需求是，不断把奢侈品变成日常用品，这需要不断降低商品价位。所以工业制品的特点是越来越便宜，这是个趋势，但这个趋势的背后是交通运输能力的极大提升，运价占货物总价的比例越来越低。

英国当年就是依靠这种优势将印度纺织业挤垮的。交通运输能力的提升是现代工业发展非常重要的基础。

机械在相当多的领域取代了人工，所以我们称之为工业革命。但我认为，最重要的是这三个方面：第一个方面是钢铁业的发展，第二个方面是煤的使用（后来加上石油），第三个方面是交通运输能力的改善。这三个方面是根本，在这个基础之上，机械化大生产才能全面铺开。

这三个方面涵盖的是不同领域。钢铁是新材料，煤和石油是新能源、新动力，然后带来交通运输能力的改善。那么，要想推进当代的经济发展、产业结构的变革，从以史为鉴的角度来说，这三个方面仍旧是最重要的。能不能找到新能源取代旧能源？能不能找到新材料取缔旧材料？交通运输能力能不能进一步提升？这三个问题是我们当下应该重点考虑的。要想把人类的经济再往前推进一步，这三个方面必须有所突破。如果这三个方面突破不了，经济发展就被这个瓶颈束缚了，社会很难形成转型，社会想要有一种飞跃式的发展也是不可能的。

那么在今天，这三个方面有没有新的突破呢？在我看来，基本上还没做到。这三个方面并没有完成转型，没有做到彻底改变，但是我们在尝试。例如在新能源领域，已经开始生产新能源汽车，在提倡光伏发电，等等；新材料也在尝试之中，但没有做到取缔旧材料；交通运输能力也在尝试改善，如修建高铁、生产了磁悬浮列车等，在不断地尝试，但还没有达到完全颠覆的程度。因此，我的看法是，目前的社会处在转型之中，并没有进入一个新型社会。

新材料、新能源，最先都是在英国出现。英国最先出现世界上第一条铁路，于 1825 年正式通车，全程只有 21 公里，当时的火车速度很慢，大约每小时 14 公里。现在有的电影里演的情节，骑着马能够撵上火车，绝不是夸张，当时的火车确实没有马跑得快。马的时速能够达到三四十公里，火车的时速只有 14 公里，所以骑马是可以撵上火车的。不管当时火车的速度多慢，它都是创新。火车是新事物，新事物就有无穷的发展空间。现在骑马撵高铁是不可能的了，这就是事物的发展规律。作为新能源的煤，最早普及也在英国，而且英国的钢产量也是极高的。

上述三点决定了英国率先进入工业社会。当然，在这三个方面的拉动之下，其他的很多产业同步进入了机械化生产时代。

中国是什么时候开始修建铁路的？最早是 1865 年，英国商人杜兰德在北京宣武门外沿着护城河修建了一条一里长的“展览铁路”，这是中国出现得最早的一条铁路，但不是以运营为目的，而且时间不长，就被清朝统治者勒令拆除了。中国第一条营业铁路，是 1876 年上海怡和洋行的英商在未征得清政府同意的情况下，在上海擅自修建的，全长 15 公里，经营了一年多时间，后来清政府用 28 万两白银将其赎回，但赎回的目的不是运营，而是为了将之拆除。中国人自己修筑的铁路唐胥铁路，是 1881 年开始修建的唐山至胥各庄铁路。如果自 1865 年算起，中国比世界上最先进的英国落后整整 40 年，可是当时的清政府不努力缩短与世界先进国家的差距，还人为地拉大了这种差距。从 1881 年中国自己修建铁路算起，中国与英国的差距已经拉大至 56 年了。

英国是第一个进入工业社会的国家。大英帝国能被称为“日不落帝国”，背后的基础是英国率先进入了工业社会。这种新型社会一旦出现，对传统的农业社会就形成巨大的冲击。俗话说得好，“不怕不识货，就怕货比货”。若是没有新东西做对比，大家都面朝黄土背朝天，也就没有什么发展了。而一旦出现新东西之后，马上就有模仿的，新事物的魅力是不可抵挡的，最终引发全球的工业化。

学习和模仿新生事物是顺应历史潮流而动，所有的新事物最后都会普及，如手机。工业社会，作为一种新型的社会类型，它有新的产业结构、新的经济类型，在英国出现之后，其魅力也是无法阻挡的，其影响迅速开始向外波及，随后就有其他国家向英国学习，相继步入工业社会。

工业化的两个梯队

工业社会作为一个新的社会类型，在英国出现之后，在欧洲自西向东传播，带来人类社会结构的变化。欧洲自西向东，越往东工业化水平越低，但越往东政治上的专制越强。英国、法国在大革命之后，英国是君主立宪制，法国建立了共和国，出现了民主的公民社会，而欧洲东部的俄国是沙皇专制帝国。

整个欧洲的政治、经济格局，自西向东，呈现一个递减的趋势。从英国往俄国画一条线，德国处于这条线段中间，所以德国工业化水平比英、法落后一点，但比奥匈帝国、沙皇俄国要先进。若讲政治，德国比奥匈帝国、沙皇俄国要开明，而沙皇俄国比奥匈帝国还要专制一些，欧洲这种自西向东渐变的特征非常明显。

我们现在一般认为，欧洲进入工业社会，在先后次第上基本分为两轮。比英国稍微晚一点进入工业社会的两个国家是英国的邻居法国和比利时。英法长期竞争，它们之间的战争也和经济方面的竞争有关系。在法国和比利时之后，稍微晚一点进入工业社会的是德国和意大利，这几个国家属于进入工业社会的第一梯队。

第二梯队的成员是奥匈帝国和沙皇俄国。奥匈帝国于第一次世界大战以后解体，变成今天的奥地利和匈牙利。沙皇俄国在“十月革命”后建立苏联，后来发展为今天的俄罗斯。

上述国家都是欧洲的国家。包括俄罗斯，我们也是将其视为欧洲国家的，虽然俄罗斯现在在亚洲的领土面积远远超过其欧洲部分的面积，但是其经济文化重心一直在欧洲。

在欧洲之外还有两个国家作为第二梯队的成员进入了工业社会。第一个是大家都能够想到的美国，第二个可能大家都想不到，是日本。整个亚洲，只有日本是作为第二梯队的成员进入工业化国家的。由此我们可以看出，这种新型社会在从英国开始向外推广普及的过程中，也出现了地区差异。

作为第二梯队成员进入工业社会的国家，往往有它自己的特点，或者说其模仿第一梯队，但模仿得并不彻底。沙皇俄国和日本有很多相似之处，如它们都是君主政体，向工业化迈进都是采用自上而下的改革。沙皇俄国的沙皇，重点发展工业；日本明治维新，天皇的重点是自上而下发展工业。改革是自上而下，是由最高统治者提倡的。

在我看来，这是一个巧合。为什么重点发展重工业？因为这两个国家的统治者均认为，重工业代表着现代化，所以必须把重工业搞上去，这样国家才能像西欧一样繁荣昌盛。沙皇俄国和日本没有注意到事物的本质，看到的只是现象。

欧洲各国统计和比较的数据是钢产量、煤炭产量、铁路铺设公里数，但这不是硬性生产出来的指标，不是为了证明国家强盛而必须把产量搞上去。欧洲国家为什么用钢产量、煤炭产量来衡量其工业化程度、发达程度呢？因为这些产品是用来满足社会需求的，一个国家的钢产量有多高，是与这个国家对钢铁的需求成正比的，产量的背后是社会需求。因为钢产量不仅体现一个国家钢的产能，更体现这个国家对钢铁的需求，所以它才是衡量国家强盛的一个参数。只是提升钢的产量，钢生产出来之后没被利用，那是没有任何意义的。

我们前面提到，钢是一种新材料。这种新材料在社会生活的很多领域里得到了广泛应用，所以钢材的需求量大。机械化大生产的机床等机器，都是由钢铁制造的，而不是木质产品，海上的轮船是用钢铁制造的，改善交通运输的火车、铁轨等设施也都是用钢铁制造的。钢作为一种新材料，在工业化社会里得到了广泛应用，需求量很大，所以国家才会生产那么多。因此，钢产量可以作为衡量一个国家的经济发展水平，特别是工业化水平的标志，这是一个重要的参数。

煤产量也是同样的道理。蒸汽机产生工作动力的燃料是煤。蒸汽机作为通用技术的产物，广泛应用在各个领域，早期所有蒸汽机的燃料都是煤。因此，煤的需求量非常大，工业化国家煤的产量迅速上升。所以在欧洲，煤的产量也成为衡量一个国家工业化程度的参数。

日本和沙皇俄国只看到了衡量西欧国家强盛的标准是钢铁产量和煤产量，而使用钢和煤多的产业都是重工业，所以就优先发展重工业，认为这样才能赶上西欧。我觉得日本和沙皇俄国想得有点偏。

沙皇俄国和日本，最开始进行工业化努力的时候，重点都是想在重工业上有所突破，因此国家自上而下地推动重工业的发展。日本早期很多重工业大厂都是官办的，用今天的话说就是“国企”。工厂经营一段时间后，天皇发现赔钱，挺不下去了，便调整思路，直接把这些国企低价卖给一些家族，转成民营。

我认为，日本后期的进步跟这项举措有直接关系。当年日本天皇究竟是迫不得已，因为这些大厂赔本，所以降价处理，还是有意为之，要扶植民族产业？如政府投资把钢铁厂建起来，建好之后以成本价格的四分之一卖给某个家族，变成民营企业。对此，我不能给出确切的说法。如果我们理解为这是对民营企业的扶持，那么这种扶持力度是别的国家没有的。我们现在能叫上名字来的日本大财团，例如三井、三菱等，在当时都是这么起家的。那些重工业企业、工厂，是政府下大力气、花很多钱建设起来的，然后被低价卖给这些家族，由官办变成民营，从而推动工业化进程，同时也造就了一些大财团。这是日本的工业化路数。所以说，日本跟欧洲第一波工业化的国家是有一些差异的，并不完全一样。

这个差异一开始不明显，到后期，越发展则越能看出问题了。两次世界大战，基本上就是以这种差异划分为敌对的两个阵营。直白地说，就是首先进入工业化的是一个阵营，后期发展起来的是一个阵营。

早期进入工业化的国家有一个特点，即效仿英国去建立殖民帝国。最典型的是欧洲对非洲的瓜分，当时在非洲大陆上，有英国殖民地、法国殖民地、西班牙殖民地、葡萄牙殖民地、意大利殖民地、德国殖民地、比利时殖民地。

新、老工业化国家，也就是进入工业社会的两个梯队，在瓜分世界、建立殖民地的过程中，出现了矛盾和冲突。换句话说，后发展起来的国家因为来得晚，没赶上，资源已经分没了。现在的德国，在我们的印象中是强国，但在当时非洲占有的殖民地并不多，因为德国是后兴起的。

欧洲在发展过程中，出现了经济危机。作为应对经济危机的举措，英国把自己的殖民地联系在一起，建立关税同盟。

英国所属的殖民地和英国本土是一个关税同盟，关税同盟国之间互相进出口货物的税率极低，但关税同盟之外的国家，向关税同盟出口货物则税率极高。所以现在有一种说法，就是两次世界大战都是英国把德国逼的。经济危机的时候，产品卖不出去，为应对经济危机，英国建立关税同盟，保证了英国的利益，特别是保证了英国工业产品的销售。但是，其他国家向英国出口产品时关税非常高，这就阻碍了其他国家产品的销售。换句话说，英国这种做法保护了自己的市场，压缩了其他国家的市场。虽然英国本土只是英伦三岛，国内市场并不算很大，但是英国把其殖民地都联合到一起，就占据了国际市场相当大的份额。简单地说，英国的关税同盟，使德国产品销往世界很多地区都需要增收巨额关税，而德国作为后起的工业化国家，本身控制的殖民地就少，模仿不了英国的做法，被逼到没有应对经济危机的方法后矛盾冲突升级，最终导致世界大战。

可以说，发展殖民地是早期工业化国家发展战略的一个弊端。殖民帝国虽暂时带来了繁荣，但也为欧洲内部的大战埋下了伏笔，可以说它是自己的掘墓人。

近代中国的三次机遇

历史教科书上写了这样几件大事：

第一件是在 1793 年，马戛尔尼使团访华；

第二件是在 1840 年，第一次鸦片战争爆发；

第三件是在 19 世纪 60—90 年代，中国开展洋务运动。

1793 年，英国派出了以马戛尔尼勋爵为团长的一个庞大使团访华，这在历史上是非常有名的事件。使团名义上是给乾隆皇帝祝寿，实际上是要跟中国谈判通商。

英国为什么要跟中国谈判通商？首先要了解一下历史背景。

明、清两朝，中国的对外政策是闭关锁国。从南宋到元朝，中国的海外贸易已经相当发达，甚至拉动了中国的产业发展。但明朝时，国策变了。郑和下西洋之后，中国不仅终止了官方遣使，而且基本上停止了对外贸易。对于明朝的政策，清朝不仅一以贯之，并且更加严格限制海外贸易。在这个时期，欧洲从威尼斯的兴起到荷兰的兴起，再到英国兴起的过程中，商业贸易特别是国际贸易，发挥了重要作用。这是我们后来落后的一个很重要的原因。

现在学术界有一种观点，认为东南沿海的倭寇可能与此有关。明代有两大外患——南倭、北虏。所谓南倭，指东南沿海的倭寇。历史学界对这个问题的认识是逐渐深入、逐渐变化的。中国学术界早期认为，所谓的倭寇，就是在日本列岛失势的武士和浪人，因为在日本没有了职业，便以骚扰中国东南沿海为生，成为海盗。但随着研究的深入，历史学界逐渐发现一个问题，所谓的倭寇里没有几个日本人，主要是中国人。后来又认为倭寇泛滥实际上是东南沿海地区的农民起义，再后来觉得定义为农民起义也不太合适，农民起义哪能如此烧杀抢掠？现在学术界比较流行的观点是，倭寇泛滥是由于明朝禁止海外贸易导致的骚乱。

原因何在？从南宋到元朝，中国的海外贸易非常发达，已经形成一个庞大的产业结构。简单地说，东南沿海地区有相当多的人依靠海外贸易为生。海外贸易不仅是商人的事情，还有水手船员，岸上还有港口等相关的配套设施，以及使用这些设施的人员，同时还得有一些生产海外贸易货物的手工业从业者，等等。跟海外贸易相关的人，已经是一大批了，他们都以此为生，而不是以农业为生。

明朝禁止了海外贸易，这些人没有了谋生之道，活不下去了，就不得不从事走私贸易。所谓的走私贸易，跟正规贸易的区别不在产品上，也不在贸易形式上，主要在于官方是否认可。官方认可并收税，这就是正常的贸易，官方禁止的就是走私贸易。

东南沿海这些人因为没有别的谋生渠道，尽管朝廷已禁止海外贸易，这些人仍然继续从事贸易，但其性质已经是走私了。朝廷开始抓走私，百姓便武装走私，带着武器跟朝廷武装对抗，最后矛盾升级，东南沿海地区就乱了。尽管引起了中国东南地区的骚乱，但最后明朝还是禁止了海外贸易。

清朝继续执行闭关锁国政策，到最极端的时候，只开放广州一个港口做对外贸易，其他地方都不允许。另外，还有所谓的行商，即外国人来华不能进行自由贸易，必须把货卖给洋行这些商人。要想从中国上货也不能自己去采购，要由这些洋行的商人代为采购。于是，行商垄断了当时广州的对外贸易。

行商需要给朝廷交钱，获得朝廷的授权，一般行商得交 2 万两白银，才有资格从事这个行业。所以那时海外贸易商品的价格，由中国行商说了算。外国货物进入中国定什么价位，中国货物卖给外国人定什么价位，都由行商决定。朝廷不允许外国人跟其他人交易，只能跟行商买卖。这么做对对外贸易来讲，影响显然是负面的。

英国在工业革命之后，把产品销往全世界，发现中国有好几亿人口，有巨大的消费力，于是想要打开中国市场。因为清朝廷禁止对外贸易，怎样能征得清廷同意？便派马戛尔尼以给乾隆皇帝拜寿的名义来中国，跟清廷商量多开几个港口。最后，因为马戛尔尼拒绝按照中国传统向皇帝行三跪九叩之礼，被打发回去了。临走时，马戛尔尼将英国的诉求写成文本递交给清朝相关官员，不仅没有得到批准，反而激怒了乾隆皇帝。英国的诉求未能实现，中国仍旧闭关锁国。

工业革命开始于 18 世纪 60 年代，一直持续到 19 世纪 50 年代。马戛尔尼访华这件事发生在 1793 年，此时工业革命才刚刚开始 30 年，如果这时中国打开国门，追赶西方国家，发展还是比较容易的。所以历史学家一般认为，这是中国经济发展失去的第一次机遇。

当然，这件事没能实现也有特殊原因——英国提的无理要求里有一条是，在近海割出一个岛屿供英国商人存放货物。若是乾隆答应了这个条件，不用等到鸦片战争爆发后，香港就被割让出去了。显然，英国并没想跟中国平等交往，所以清朝廷拒绝也在情理之中。

另外，还有一个背景——英国已经想染指中国西藏。当时英国支持尼泊尔的廓尔喀王朝进军西藏，清廷派部队入藏平叛，一直将其追杀到尼泊尔境内，大获全胜。部队的指挥官是曾出现在金庸小说里的福康安，他搜集了很多军事情报。因为当时的印度次大陆已经是英国的殖民地，福康安敏锐地意识到，尼泊尔背后还有一个势力。由于语言翻译的问题，英国并没有被翻译成“英吉利”。“英吉利”这个词到印度人那里发音出现了变化，再翻译成汉语就更加走音了，所以当时的中国人，不知道马戛尔尼所属国家就是在背后支持尼泊尔、妄想插手西藏事务的国家。福康安得胜还朝时，正赶上马戛尔尼来中国。福康安怀疑马戛尔尼所在的英吉利就是在尼泊尔后面捣鬼的国家，但是不敢肯定。福康安是乾隆皇帝信任的大臣，他在乾隆皇帝面前也谈到这个问题，提醒皇帝要对这个国家小心防范。这也是清廷拒绝的原因之一。

当时清朝廷上上下下，没有人把马戛尔尼和殖民印度的英国联系起来，只有福康安怀疑，还不敢肯定。这就说明一个问题：闭关锁国时间过长，对外信息严重不畅，这是闭关锁国给我们带来的弊端。

因为上述种种因素，清朝廷拒绝了马戛尔尼，不想跟英国通商。但从客观上讲，中国好像丧失了一次机遇，如果这个时候改变闭关锁国的政策，向欧洲学习，差距只有 30 年，没落后太多。我们可以做一个对照，日本的明治维新是在 1868 年开始的，比马戛尔尼来华晚 70 年。也就是说，日本在英国工业革命进行 70 年之后才开始进行工业化改革，结果日本成功进入工业化的第二梯队，如果中国在明治维新的 70 年前进行工业化改革又会是什么样子？我想不是第一梯队肯定也是第二梯队吧。

英国觉得靠谈判打不开中国市场，就在东亚发展了一个新的三角贸易，类似于我们以前讲过的大西洋三角贸易。

虽然当时中国闭关锁国，但毕竟还有广州这一个口岸对外开放，英国商人可以通过广州跟中国进行贸易。但英国货在中国卖不动，想要中国货物只能带着白银来交易。早期的广州贸易，英国只能用白银购买中国产品，包括茶叶、瓷器、丝绸、土布等。

我们不了解英国，英国也不了解我们，所以当时英国不知道用什么商品才能打开中国市场。而英国还是想要中国商品的，因为回去能卖个好价钱。英国卖不出去工业品，每年还要搭上大量白银购买中国产品，觉得不合算，于是它们开始走歪门邪道——向中国大量倾销鸦片。

鸦片在中国打开市场之后，整个贸易形势逆转。在鸦片进入中国之前是白银大量流入中国，在这之后，中国人用白银购买鸦片，导致白银大量外流。所以林则徐劝道光皇帝禁烟，不然几乎没有银子可以给军队官兵发饷了。这样才打动了道光皇帝，最后下令禁烟。

鸦片不是英国从本土运来的，而是在印度次大陆一带发动当地土著种植的，然后用极便宜的价格收购，再卖给中国，挣了中国的白银后再到印度购买香料。英国将本国的工业产品贩卖到印度，以工业产品打开印度市场，用印度和孟加拉的鸦片打开中国市场，赚白银回去。这是它在亚洲形成的一个新的三角贸易，而这个三角贸易中最大的受害者是中国。

因为中国禁止鸦片，所以双方在 1840 年发生了第一次鸦片战争。换句话说，英国只能用武力打开中国市场，用战争逼迫清朝廷签订不平等条约，开放口岸，让英国货大量进入中国。

那时候世界各国彼此都不了解，英国认为拥有几亿人口的中国具有巨大的消费力。所以第一次鸦片战争结束时，签订的《南京条约》规定，中国开放五处口岸，史称“五口通商”。英国商人都在欢庆，觉得打开了几亿人的市场，商机来了。一个制造钢琴的英国商人幻想，中国有上亿家庭，哪怕一百户家庭中只有一家买钢琴，那也能卖出上百万架啊。殊不知，那时候的中国人，根本不需要钢琴。还有，卖高档奢侈品睡衣的商人，也认为在中国有很大的市场，却不知道中国人的习俗是裸睡。清朝时的中国，实行的是自给自足的小农经济，严重贫困，城市在萎缩，没有购买力，所以这个时候的“五口通商”对中国经济的冲击并不是很大。虽然中国被迫开放了口岸，但是英国商人仍找不出究竟什么货物在中国能打开市场，所以英国还是以卖鸦片为主。

但是，这个契机我们没能很好利用，没有做到变劣势为优势，没有在困境中发现机遇。第一次鸦片战争，对中国是一次打击，是一个困境，但这里也包含着机遇。当时欧洲的工业化还没有结束，直到 19 世纪 50 年代，欧洲的工业化才最终完成。如果这个时候，我们打开国门，学习西方，向工业化迈进，依旧来得及，但清朝官员们对这一切一无所知。清朝官员认为签订条约就是战争结束了，终于可以过太平日子了。道光皇帝自己也觉得还不错，英国签订条约的协商关税给到 5%，道光皇帝在这之前只能收到 4%，所以他不觉得这是不平等条约。清朝就在这样一个醉生梦死的状态下，使中国错过了第二次经济发展的机遇。

中国在走向现代化、工业化的道路上，不是没有机遇，而是错过了机遇，原因是没有真正睁眼看世界。

当年林则徐为了禁烟对付英国人，专门组织一批人翻译英国报纸，想办法去了解英国、了解欧洲。这名清廷唯一具有先进观念的官员，在第一次鸦片战争后被充军伊犁，林则徐那句名言“苟利国家生死以，岂因祸福避趋之”，就写于充军伊犁前。林则徐将他整理的这批资料交给了魏源，后者以此为依据写成了《海国图志》。《海国图志》是中国最早一部全面介绍欧洲的著作，目的是让中国人睁眼了解世界。如果真能做到这一点，第一次鸦片战争后，我们就能变劣势为优势，变困境为机遇，那就是真正的人生大智慧了。

我们讲格物了解社会，最后追求的就是在困境中发现机遇。但这次不是没有中国人在努力，林则徐和魏源是典型代表，但这种努力没人追随，没有在中国引起任何反响。更为讽刺的是，日本早期对西方的了解是通过魏源的《海国图志》，以至于促成后来的明治维新。非常遗憾的是，在中国，魏源的心血白费了。

在19世纪60—90年代，中国和日本同步学习西方，日本是明治维新，中国是洋务运动，最后日本成功了，而中国失败了，原因就在于朝廷的政策。1894年的甲午战争标志着中国洋务运动的彻底失败。洋务运动两大标志性成就是建立起南洋水师和北洋水师两支舰队。结果北洋水师在中日战争中被日本全歼，因此洋务运动彻底失败。

为什么中日同步进行变革，中国没有抓住这次机遇？原因在于日本明治维新是自上而下的改革，下大力气发展重工业，扶持民营产业，而中国上层对洋务运动的支持有限，洋务运动是中国个别进步官僚像李鸿章、张之洞等有点新思想的官僚搞起来的，缺乏朝廷强有力的政策支持。朝廷政策对经济的影响是至关重要的，洋务运动没有发展起来，这是一个很重要的因素。

这跟儒家思想也有点儿莫名其妙的关系。在日本，明治维新的骨干或多或少受到阳明心学的影响。但在中国，程朱理学的代表倭仁坚决反对洋务运动。所以我们不能说儒家是保守还是进步。同样的儒家思想，在日本影响巨大，对明治维新起到了推动作用，日本海军大将东乡平八郎佩戴的腰牌上写着“一生伏首拜阳明”，他领导日本海军打败了俄罗斯海军，这是东亚国家第一次打败欧洲国家。但在中国，儒家的代表是反对改革、反对洋务运动的，倭仁的名言是“根本之图，在人心不在技艺”，他坚决反对学习西方。这背后反映的其实是中国人思想意识的固化、僵化，思想意识直接影响经济发展。

我认为至洋务运动失败，中国失去了第三次发展经济的机遇。日本就是在这一时期发展起来并进入工业革命第二梯队的。

那后面我们还有机遇吗？后来我们一直在打仗，甲午战争后是八国联军进北京，然后是辛亥革命、军阀混战，紧接着就是日本侵华、全民抗战，所以直到中华人民共和国成立我们才有机会发展经济。

美国的兴起

美国也属于工业化第二梯队的成员。

美国最开始是英国的殖民地，最初组成美国的 13 个州实际是 13 处殖民地。美国和英国之间的矛盾其实是殖民地和宗主国之间的矛盾。作为英国的殖民地，英国想让美洲成为它的原料供应地和产品倾销地，但是美国这处殖民地，逐渐发展出了自己的工业，这就与英国构成了竞争，双方之间的矛盾实际上是经济竞争导致的。最后爆发了美国独立战争，美国终于获得了独立。

最开始的美国疆域跟今天相比较，差距很大。美国刚刚独立的时候，只有 13 个州，后来美国从美洲大陆的大西洋沿岸逐渐向西发展，才有了今天这么大的领土。在这个过程当中，有一些领土是通过谈判获得的，有一些领土是侵略墨西哥得到的，总之，美国用了各种手段去扩大领土。

其中也有历史的机遇，像位于今天美国中部的原法国殖民地路易斯安那州，是被美国买来的。法国在拿破仑统治期间，与欧洲各国开战，最开始是占上风的，但后期战争吃紧，急需经费。拿破仑发现美洲这块殖民地当时没有开发出来，不仅不能给法国带来经济效益，而且战争还急需经费，就考虑是不是把它变现。美国发现了机遇，派人过去谈判，就从法国手里把路易斯安那买下来。那么大一块土地，美国仅支付了 1500 万美元，平均每亩地 3 分钱。

所以说，美国的发展有一些特殊的机遇，如果不是拿破仑急需军费，也不会把那块地卖给美国。路易斯安那如果不卖给美国，那么美国今天的疆域就是被法国殖民地分隔开的。也就是说，美国只能局限在美洲大陆东侧相对狭小的一个范围，面积也只有今天领土面积的 1/3 左右。

美国在美洲有两个得天独厚的优势。第一个优势是，疆域面积比较大，而且可利用土地多。中国的国土总面积比美国大，但可利用面积没有美国多。中国拥有 960 万平方公里的国土，其中新疆的面积大约是 160 万平方公里，而塔克拉玛干沙漠占了大部分面积；西藏的青藏高原北部到现在还是无人区，这些都是无法利用的土地。还有一些高山地区，到今天也是无法利用的。所以中国国土面积虽然大，但是可利用的面积没有美国多。美国整个国土里面很少有中国青藏高原那样的高原，美国基本上是平原，国土利用面积大，其他各国都比不了。

全球国土面积最大的是俄罗斯，有 1712 万平方公里，其次是加拿大，有 998 万平方公里，但这两个国家可利用的国土面积都不大。加拿大紧靠着北极圈，很多地方都是森林和湖泊，或者是终年冰雪的区域，既不适合生产也不适合生活。加拿大有效的生活生产区域只有靠近美国那一条狭长地带，可利用国土面积大约只有 50 万平方公里，和法国差不多。俄罗斯也靠近北极圈，有大片的冻土冰雪区域，可利用国土面积大约只占俄罗斯国土总面积的 30%。

而美国可利用的国土面积占国土总面积的 80%左右，约有 750 万平方公里；中国可利用国土面积排名世界第二，约占 500 万平方公里。我们不仅比美国少了 250 万平方公里，而且可利用面积的500万平方公里中，平原面积只占100万平方公里，其余的可利用土地大都是山区。

第二个优势是，美国一边是太平洋，另一边是大西洋，它把美国与其他大陆分隔开，所以美国在历史上就没有受过外来侵略。邻国只有两个，北边是加拿大，南边是墨西哥，都不对它构成威胁，所以美国在美洲大陆从来就不面临外来威胁。亚欧大陆这边的强国，威胁不到美国，不说古代，不说近现代，就是当代，技术发达了，想从亚欧大陆跨海远征美国，还是有很大技术困难的。

美国有这两个得天独厚的优势，在美洲一枝独秀，没有外来威胁，没有竞争对手，于是迅速发展起来。当然，美国的迅速发展与美国的西部开发也有关系。

美国疆域逐渐向西扩展，西部包括路易斯安那州，在当时是地广人稀的地方。为了调动东部人口向西部迁徙，美国出台了各种优惠政策。较为著名的是颁布宅地法，只要向政府报备，到西部的大平原上去开垦土地，开垦耕种5年以后，政府就可以颁发地照，即开垦出来的所有土地都属于开垦者。

发展到今天，因为对外贸易的关系，美国的发达地区是两个沿海——东海岸、西海岸，不是中部这个大平原。大西洋沿海和太平洋沿海是美国的发达地区，像我们熟悉的纽约、华盛顿在大西洋沿岸，洛杉矶和加利福尼亚州在太平洋沿岸。中部地区是欠发达地区，但中部地区是美国的粮仓，美国一直出口粮食，主要产地就是中部地区。

美国中部地区成为农业发达的地方，但人口密度很低，全部是机械化大生产，这是其粮食便宜的根本原因。

独立战争之后，美国在产业结构上未能摆脱殖民地的特征。很多国家受欧洲殖民统治影响，导致产业片面发展，变成欧洲国家的原料供应地、产品倾销地。美国最开始也是殖民地，独立之后在经济上并没有完全摆脱这种殖民地的怪圈，具体表现为美国独立之后南部各州实行的大种植园经济。

早期开发美洲的种植园，种的是甘蔗、烟草。美国南部的大种植园普遍种植棉花，但是种植的棉花不是在美国本土消费，而是卖给英国，大种植园变成英国纺织业的原料供应地。这是典型的殖民地经济的体现。

美国北部各州要求取缔奴隶制，南部的一些州基本上是拥护奴隶制的。在南部各州，奴隶制是合法的，大种植园主依靠黑奴种植棉花卖往英国。美国北部各地工业逐渐发展起来之后，南北差异越来越大，最后导致了南北的矛盾，而矛盾的聚焦点就是允不允许奴隶制存在。北方强烈呼吁废除奴隶制，南方坚决反对。南方这些州想脱离美国联邦，建立一个国家，但美国不允许，在林肯当美国总统期间就发生了所谓的南北战争，这是美国历史上唯一一次内战。

虽然西边各州在当时还不太发达，但这次内战跟西边各州也有关系。南方各州想向西部各州渗透，把西部也变成奴隶制合法地区；北方各州想开发西部，将之变成工业产品的销售地。上述种种也是南北矛盾的原因。

美国内战是为奴隶制而打的，表面上是要废除奴隶制，但最根本的是经济问题。美国如果想长期持续发展的话，必须改变这种产业结构。这么大的面积如果全变成英国的原料供应地，美国不可能有今天。所以这种产业结构的格局必须打破，这是南北战争背后的经济原因。

废除奴隶制，我认为仅仅是一个表面现象，深层次的影响是美国的产业结构得以调整，南方大种植园经济崩溃。原来用奴隶生产棉花卖往英国，现在奴隶突然变成自由人了，导致劳动力缺乏，或者说劳动力价格上涨，大种植园无法经营了，于是考虑别的经济产业结构，发展其他产业。

整个美国一体化地构建新的经济结构，这是南北战争带给美国的最大好处。如果没有这场战争，南方一直种棉花给英国供货，美国是发展不起来的。

消除了南北差异之后，美国开始对经济进行整体规划，产业结构进入了良性发展，这是美国发展的前提。在这个基础上，作为第二梯队，美国迅速完成了工业化。

我们从起步时间计算，美国、日本、俄罗斯都是工业化的第二梯队。这些国家工业化起步并不早，但后来发展得特别迅速，这与它们的产业结构有关，与它们得天独厚的自然地理条件有关。

美国发展起来之后，一开始并不具备挑战英国地位的实力。两次世界大战，欧洲各主要国家都参战了，战争使欧洲各国的产业几乎被摧毁，可是市场还在，于是美国趁机占领了国际市场。

美国的发展跟欧洲的衰落是同步的。第一次世界大战，美国从债务国变成了债权国。第二次世界大战后，美国确立了世界霸主的地位。

应对经济危机

金融、证券业，最开始兴起于荷兰，世界金融中心在荷兰首都阿姆斯特丹。英国兴起后取代了荷兰的地位，世界金融中心转移到英国伦敦。一直到今天，伦敦还是一个重要的金融中心，跟美国纽约是平行的世界两大金融中心。

如果把这个问题简单点说，就是一个国家不论是靠商业还是靠制造业发展起来之后，就会积累大量的资金，这就涉及大量的资金怎么运转，这就是金融问题，是工业社会一个独特的产物。工业社会随着制造业、商业的发展，财富大量集中，就涉及投资问题。所以世界金融中心一直在世界最发达的国家。荷兰最发达的时候在荷兰，英国最发达时在英国，后来美国兴起取代英国的地位，纽约证券交易所的地位就要超越伦敦证券交易所了。这是钱的力量在支撑。

接下来，工业社会就迎来了一个新问题——经济危机，通常叫资本主义经济危机。经济危机实际上是由供需关系不平衡导致的。实体产业扩大，市场就要扩大，所以才有殖民帝国。英国变成世界工厂，它的产品卖往世界各地。英国为什么要打开中国国门？就是要把货卖给中国。所以有一种说法，就是工业化国家兴起之后，在全球范围内给自己的工业产品寻找市场。

开始时这个市场还很小，还有进一步扩大的空间，比如那时中国和日本的市场还没有打开。到全球经济一体化之后，已经没有新市场可以开发了，如果这个时候生产规模仍旧持续扩大，就会出现产能大于消费能力的现象，就会出现产品滞销，导致经济危机。

资本主义社会最开始的经济危机出现在欧洲。早期规模不大，具有区域性，因为这个时候全球经济一体化还没有最后形成。等到全球经济一体化形成之后，经济危机已不再是某一个地区的事情，也并不局限在欧洲，经济危机是全球性的了。

第一次世界大战之后，在 1929 年迎来了人类历史上最严重的一次经济危机。产品滞销，工厂倒闭，大量人员失业，这是经济危机最明显的标志。可以说，先不论经济危机经济方面的一些参数，最主要的参数是失业人口暴增。

1929 年的经济危机波及全球，美国也没幸免。高峰期美国失业人口达到 800 万以上，造成了严重的社会问题。

应对经济危机，各国有各国的对策。我们前面提到，英国把它的殖民地联合起来建立关税壁垒。这种应对方案，先不管对它内部是否成功，对外部而言则加剧了国家间矛盾，这是毫无疑问的。

美国的应对方案就是所谓的罗斯福新政。罗斯福新政出台了很多政策，简化后其核心就是政府买单增加就业，依靠政府出手拉动就业。经济危机导致一个恶性循环：失业的越多，购买力越低，工厂倒闭的越多，反之亦然。怎么从这个恶性循环里走出来？美国政府认为就业是关键。人们有了职业、有了工资，这就是一份购买力。购买力上升，就可以拉动内需，产品就能销售出去，工厂就可以重新运转。这是罗斯福对这个问题的认识。

可是，这个时候怎么增加就业机会？罗斯福的政策是，政府修建各种大规模工程，以提供就业机会，比如，修高速公路，修铁路，修大型水电站，全部是由政府买单的工程。这些大项目提供了相当多的就业机会。

美国罗斯福新政期间，为了提高就业率，几乎什么手段都用，什么办法都想了。最极端的办法是，实在没有就业机会，就植树造林。政府把失业的青壮年组织起来，按部队的建制编成兵团，拉出去植树造林，政府给开工资。

事实证明，罗斯福的新政很有成效。美国就是靠着罗斯福的新政，从全球最严重的经济危机这个恶性循环里走出来的，这是罗斯福最成功的地方。所以罗斯福在美国支持率是非常高的，他是美国历史上唯一连任四届的总统。

英国和美国采取了两种应对经济危机的方案，一种是通过提高就业，拉动内需；一种是通过提高关税，保护本国的产业和本国产品的市场。

我们现在解决经济危机时也会用这两种方法。现在国际范围内已经普遍不喊自由贸易了，各国都开始想办法提高关税，实际上就是当年英国采取的办法。但这种应对方法肯定是不妥的，因为会有很大的后遗症，而且能不能做到还是一个问题，关税不是想增加就能增加的。为了保护本国的制造业，采用提高关税的方法必然加剧国家间的矛盾。现在中美之间的矛盾实际上就与此有关，当然这不是唯一的原因，更重要的原因是美国要打压中国。

罗斯福新政采取的这一系列方法，靠政府买单拉动就业，是值得我们借鉴的。目前，受疫情冲击，中国经济也面临滑坡。我个人的看法是，当下就应该采取措施，增加就业机会，拉动内需，以保证经济稳定。

美国现在恐怕不能再用这种办法应对经济危机了。政府买单以增加就业的方法，其弊端是导致政府财政赤字。政府不是不可以有债务，但应该在可以偿还得起的范围之内。简单地说，如果债务过多，仅支付的利息就已经占用了政府收入的所有结余，结果将是政府财政的崩盘。所以财政赤字必须控制在一定的安全范围之内。美国现在的赤字已经达到 2.8 万亿美元，如果继续采用罗斯福的办法应对经济危机，财政有崩盘的可能。美国自己发明的办法，现在自己反而不能用了，这颇具讽刺意味。

各国工业化道路

英国率先进入工业社会，然后欧洲各国开始效仿，甚至美国、日本也在效仿，中国的洋务运动实际上也在效仿。全球开始步入工业社会之后，区域之间的差异明显体现出来。工业化应该走什么道路，由于各国国情不一样，所以都在摸索。我前面提到的，不断把奢侈品变成日常用品，然后再扩大生产规模，这实际上是日本和美国共同走过的路。作为第二梯队的国家，它们为什么能够奋起直追，赶上第一梯队的国家，我认为原因在于它们的选择是正确的。

美国和日本有一个共同的理念，就是不断把奢侈品变成日常用品。比如汽车，最开始，汽车绝对是奢侈品，美国的福特汽车是怎么发展起来的？老福特当时提出一句口号，他生产的汽车要让美国工薪阶层都买得起。这是人为地把汽车推向千家万户，美国福特公司是通过这样的方式走向鼎盛的。

亨利·福特采用大批量汽车生产以及工厂员工管理的方法，别具匠心地设计了以移动式流水线为代表的新生产流程。他的高效率、高工资、低售价相结合的方法，对当时美国制造业来说是一次翻天覆地的改革创新。因此这套方法被称为“福特制”。1913 年，福特公司已经发展出一套较完整的流水线和大规模生产技术。由于造车速度越来越快，每辆车的售价也开始快速下跌。福特不断对他的汽车进行降价，由原先 850 美金一辆车降至 360 美金。福特的成功，使汽车在美国迅速普及。在黄金时代，车还没下生产线就已经卖出去了，供不应求。

日本也是一样，日本的汽车产业不掌握核心技术，它的技术是从国外买来的。从最开始生产汽车的时候，日本人就在研究这个东西怎么能降价。美国、日本走同一路线，最后还进行了竞争，日本汽车在美国热销，性能比美国汽车好，价位比美国汽车便宜，生生地把福特汽车给顶了。福特汽车在美国汽车市场连续 75 年保持销售量第二名，仅次于通用汽车，但到 2007 年，被丰田汽车超越，成为美国市场销售量的第三名。

因此说，降低价位可以让汽车从奢侈品变成日常用品。汽车的大量使用也改变了我们的生活，交通运输能力提升，城市的发展速度也提升了。

城市化是工业社会的一大标志。传统农业社会，人口的绝大多数在农村，城市人口比例较小。进入工业化社会以后，城市人口占的比重加大，农村人口占的比重小。当然，中国比较特殊，人口多，基数大，现在中国的城市人口比例，跟非洲许多国家持平。

工业社会城市人口占的比例越来越大，汽车的普及刺激了城市化的进展。对于古代农业社会的城市，历史学家有一个形象的说法：步行城市。靠步行很轻松地能到城市的各个地方，交通主要靠走。受交通限制，城市再大，生活就会受到影响了。但是汽车发明后，城市规模就可以扩大了，汽车让人的活动半径扩大了，人的活动半径扩大，城市的半径就相应地扩大了。

汽车还带来了城市结构的变化，有钱阶层开始离开喧闹而拥挤的市中心，搬到郊区。这种城市格局在欧美很早就已经出现，中国现在也开始出现了。人们的居住环境和主要活动区域开始变化，这是由交通条件决定的。汽车变成日常用品后，推动了我们整个生活方式的改变。

日本、美国基本上是想办法降低价格，让奢侈品走进千家万户，进而扩大市场。当然，这两个国家走这个路线也是迫不得已，因为它们是后起之秀，殖民地都被瓜分没了，它们也没有英国那样庞大的海外市场，所以日、美经济发展的重点是把国内市场开发出来。

这一点对我们今天是有启示的。每个国家为自己制造业开拓的市场，要么是国外，要么是国内。但是向国外市场销售的时候存在很多因素，如成本、运费、关税、战争等，所以开拓国外市场有种种限制，但若是开拓国内市场，就不受这些限制了。

中国的独特性体现在地大物博、人口众多，所以国内市场特别大。就拿手机来讲，手机更新换代，在中国销售的量比在全非洲卖得还多。因此，下一步我们的产业结构调整，可以思考怎样把产品价位降下来，把原来的奢侈品变成大众的日常用品。广阔的空间，众多的人口，这是我们的优势。

当然，不是所有的工业化国家都走上述两条开拓市场的路线，比如说德国。德国的制造业始终追求高精尖，一直到今天也是这样。产品的价位保持不变，所以它一直是奢侈品。例如，传统的照相机，日本生产照相机的思路是大众能消费得起，所以品质可以差一些，但一定要便宜，要让大家都用得起；德国的照相机始终是奢侈品，品质好，但是价位降不下来。

这两条发展之路比较起来，我觉得德国没有学习的意义，我们得学美国和日本，不走品牌路线，而走大众路线。所以第二次世界大战之后，美国和日本成为最发达的制造业国家。特别是日本，作为一个小岛国，什么资源都没有，全靠来料加工，就能把经济搞上去。这是值得我们借鉴的。

日本经济的腾飞和这种制造业的取向有关系，当然也和特殊的国际环境有关系。日本在第二次世界大战后的经济起步，可以说是历史环境塞给它的一个机遇。

第二次世界大战期间，日本要走英国的模式，构建一个强大的殖民体系，就是所谓的“大东亚共荣圈”。包括侵略东南亚，都是它的计划内容。第二次世界大战之后，日本成为战败国，这个路子就没成功。

这就是毛泽东《论持久战》的伟大之所在。如果跟日本速战速决，我们是打不过它的，因为日本工业发达，特别是它的军工产业。我们中国是小米加步枪，根本就打不过人家，因此国民党要和日本进行决战，几次下来都以失败告终。毛泽东的认识是对的，我们资源丰富，人口众多，说得直白一点，我虽然打不过你，但是能拖垮你。事实证明，战争的结局就是毛泽东的预言，日本经济被战争拖垮了。

第二次世界大战之后，日本的经济和当时的中国处在一个起跑线上，而且中华人民共和国成立之后的早期几年，我们发展非常迅速，在一定程度上，当时我们的经济是领先于日本的。但是，两个国家面对的国际环境不一样。中国是社会主义国家，美国对中国实施经济封锁，这对中国的经济发展是起负面作用的，而日本却迎来了一个发展的契机。

1952 年，美国侵略朝鲜，战火烧至中国的鸭绿江边，中国在经济发展时期迫不得已去援助朝鲜，给了日本一个发展机遇。因为美国本土离朝鲜半岛特别遥远，如果把军需物资从本国运到朝鲜前线，不仅涉及运费，还有运输时间的问题，战场瞬息万变，时间耽误不得。美国采取的战略方针是，在朝鲜战场上的军需物资由日本生产。简单地说，美国给日本投资，让日本生产军需物资，然后美国全部收购。

这是多好的一个经济契机，在这个基础上，日本经济迅速恢复。而且，日本国家小，美国的军需订单足够日本经济起飞了。

由此，我们和日本的经济差距迅速拉大。等到 20 世纪 70 年代，改革开放之前，两国的差距就没有可比性了。我们停滞了 20 年，日本发展了 20 年。

日本靠着美国恢复了经济，产业结构进行了调整，没有局限在军工层面，我认为日本又因祸得福了。第二次世界大战之后，日本取消了军队，只能拥有国民自卫队，如果再发展军工就用不上了，所以重工业迅速来了一个掉头，走向了民用，同时发展了化工。日本的选择是正确的，因为石油的开采与应用更加广泛了。

石油在 20 世纪初还没有广泛应用，最开始蒸汽机、内燃机用的都是煤，后来才改用石油。作为新能源，石油的应用面越来越广，特别是普及汽车以后。

有一个真实的事件，美国一家石油公司在沙特阿拉伯境内勘测出一个大油田，想在那儿开采石油，就找当地的部落酋长商议价钱。部落酋长最后要 18000 美元，美国这家公司在这块大油田上开采了 30 年。这个地区的石油最开始都掌握在欧美国家手里，后来海湾地区的国家独立，开始逐渐和外国公司谈判、回购，油田的所有权才收回来。收回之后出现一个问题，即石油的应用面越来越广，油价越来越高。世界发达国家想办法往下压油价，为此海湾地区几个国家成立了石油输出国组织，就是所谓的“欧佩克”，大家统一定价、统一开采，用这种方法去和欧美国家叫板。

20 世纪 70 年代，石油先后四次涨价，造成两大影响：第一，海湾国家富得流油，GDP 都排在世界的前面；第二，欧美制造业成本提高。

20 世纪 70 年代，欧美制造业受到了能源的冲击。同时，新材料的出现也对欧美的传统产业形成了冲击，产业需要更新换代，也是从那时候开始的。很多原来用钢铁的地方，改用新材料了，导致钢铁产量已经不能成为一个国家工业发达程度的标志了。我们今天再谈一个国家的发达程度时，不管探讨什么标准，用什么指数，肯定没有人再算钢铁产量了。

能源问题与材料问题合在一起，对美国产业结构产生了很大冲击，使美国制造业陷入低谷。

美元霸权

第二次世界大战的波及面非常广，亚洲、欧洲、非洲几乎都成了战场，唯独美国本土没有成为战场，这使得战后的美国占据了两个优势：第一，本土没有经历战争，没有受到战争的波及，工业设施非常完好，正常发展；第二，美国发了战争财。

经历了第二次世界大战，欧洲国家几乎都元气大伤。美国借机发财，整体经济实力上升为世界第一，从此建立起优势地位。要想保持优势地位，就必须建立起某种机制。说得更直白点，就是确定游戏规则，成为规则的制定者，让规则向自己倾斜，才有利于保持优势地位。这是一个普遍的规律和原理。

第二次世界大战结束之后，美国在这方面下了很大功夫。美国之所以能一直强盛到今天，与这个有直接关系。美国确立了一个能够保证它优势地位的机制，这个机制涵盖很多方面，在政治上，建立联合国，而联合国实际上一直是以美国为主导的一种国际体系；在军事上，建立北约，其全称叫“北大西洋公约组织”，实际上是一种军事上的结盟。北约是美国和欧洲各国建立的一种军事上的同盟，美国毫无疑问是北约的领导者，我们看前几年的一些问题，如美国轰炸南联盟，欧洲各国跟着一起参与的原因就是因为它们是一个军事同盟。在经济方面，美国保证其优势地位的就是布雷顿森林体系，这是一个金融方面的机制。

布雷顿森林体系

第二次世界大战之后，西方一些主要国家在美国的布雷顿森林召开了一个讨论国际货币的会议，会上确立了一种机制，我们称为布雷顿森林体系。简单来说，就是美国和世界各主要国家通过谈判，最后在货币兑换上达成一种共识，即固定汇率。

当时美国国内已经确定 35 美元兑换一盎司黄金，这是金本位，美元和黄金之间的关系是固定的。国际货币基金会员国的货币不与黄金直接挂钩，而是与美元挂钩，跟美元之间确定一种兑换比例，这就是固定汇率，是相对稳定的。比如，日元与美元的兑换比例确定之后就稳定不变，不随市场任意浮动，当然微调还是有的，但总体上相当稳定。

这么做，表面上的理由冠冕堂皇——有利于国际贸易。货币的兑换关系稳定以后，再开展国际贸易就容易了；汇率要是经常变动，生意就很难做，就影响国际贸易。比如，同样是向美国出口产品，今天汇率低，就挣钱，明天汇率高，就可能赔钱了。从表面上来讲，固定汇率是为了打破关税壁垒、提倡自由贸易，有利于各国之间发展贸易。但美国人并不是那么大公无私的，他们也有私心。各国货币都跟美元挂钩，不和黄金直接挂钩，只有美元和黄金挂钩，这就导致各国都要进行外汇储备，储的都是美元，美元成为国际通用货币。

如果美元一直跟黄金挂钩，美元的好处是体现不出来的。35 美元兑换一盎司黄金，也就是说 35 美元在银行就能换出一盎司黄金。金本位，纸币才有实际价值。但如果纸币不和黄金挂钩，纸币本身就是废纸。换句话说，世界各国都在储备美元，全世界都使用美元，美国就可以多印点废纸，当作钱给其他国家使，这是美国背后最大一个获益点。

布雷顿森林体系最开始实行的时候，是与黄金接轨的。美国要求各国帮助稳定汇率、稳定黄金市场。各国当然会配合，不配合的话，各国全拿美元去兑黄金，美国也没有那么多黄金可兑。

布雷顿森林会议是在 1944 年召开的，当时第二次世界大战还没有完全结束，布雷顿森林体系一直执行到 1971 年。尼克松当美国总统的时候，单方面宣布以后美元不再跟黄金挂钩，也就是说美元不再能兑现黄金。美元和黄金脱钩之后，汇率也就变成了浮动汇率。

现在美国经常说中国要承担起大国的责任，做一个负责任的大国。可从这件事看，美国是负责任的吗？最开始是大家一起商量好的规则，然后美国跟谁都不商量，就改变规则，不与黄金兑换了，这显然是很不负责任的做法。

美元与黄金脱钩之后，给美国带来了巨大的利益。世界各国都在以美元为外汇储备，世界流通的货币都是美元，所以美国印出的美元发行量远远超出美国本土需求的无数倍。世界其他国家的货币，只能在本国能使用，在国际上不能使用。随着中国经济的发展，逐渐有些国家开始接受人民币了。我们最开始到国际上买东西用人民币结算，对方都不要，要求必须用美元。这就等于美国可以用自己印的“花纸”去交换物资，这给美国带来了巨大的利益。

世界各国都在使用美元，因此有大量美元并不在美国本土流通，美国国内流通的美元只是其中一小部分，世界各国的美元可以帮助美国平衡国内的物价，所以美元不容易通货膨胀。因此第二次世界大战之后，美国的物价是相当稳定的，尤其是最近这些年，美国不管怎么折腾，国内物价一直非常稳定。

对比而言，我们改革开放到现在 40 年，物价涨了很多次，对人民生活是有直接影响的。举个例子来说，我们系当年有一位教授出书，出版社答应的稿费拖欠了一年半才支付。这个教授对我说："无形当中，我损失一半，你知道为什么吗？我出书那时候牛肉 4 块多钱一斤，等到稿费最终发下来的时候，牛肉 8 块多一斤了，所以我无形当中资产损失一半。"这就是物价变动给人们生活带来的影响。

美国能长期保持物价稳定，与美元作为世界货币是有直接关系的，其他国家做不到这一点。人民币只在中国境内流通，如果现在世界其他各国流通的人民币是我们国内的若干倍，那么我们国内物价就可以靠国外的人民币来平衡。所以说是第二次世界大战之后，美国确立起保持自己优势的机制。

怎么保持自己世界领先的优势地位？美国人确立了若干种机制，而在经济方面我认为最重要的就是这个货币体系，它一直到今天仍旧在发挥着作用。当然也受到了一点冲击，欧元发行之后，有的国家外汇储备是欧元，甚至日本经济起飞之后，有的国家外汇储备还有一部分日元。就中国而言，虽然我们最大的外汇储备量仍旧是美元，占 70％左右，但是我们的外汇储备中还有 20％的欧元，也有 10％的日元，现在人民币也在国外流通。布雷顿森林体系在今天应该说已经受到了一点冲击，但整体来讲这个体系还在，美元还是世界货币。

布雷顿森林体系不仅给美国的物价带来了稳定，而且在金融方面美国多了很多腾挪空间，日本后来泡沫经济的破裂就与此有关。

日本泡沫经济

20 世纪 70 年代，日本依靠一个特殊的契机起步，就是在朝鲜战争期间给美国生产军需物资，然后经济迅速发展，速度超过了欧洲。但让美国人生气的是，美国把日本扶植起来之后，日本开始竞争美国的市场。最典型的是汽车行业，日本在汽车工业发展起来之后，开始向美国倾销，把福特公司挤垮了。

在这种情况下，美国面临严重的经济问题，一方面是政府财政赤字，另一方面是对外贸易赤字。美国经济的“双赤字”，加上日本商品的竞争，对美国的制造业造成巨大冲击。

美国为了缓解自身的矛盾，开始算计日本。1985 年，美、英、法、德四个西方国家，再加上东方的日本，签订了非常有名的《广场协议》。当时这五个国家秘密在美国广场饭店举行了一次会谈，商谈汇率和外贸问题。实际上，这次会议，美国的主要目的是迫使日元升值，因为当时德国的发展势头很好，美国想让德国马克升值。

会谈时，德国看出美国是想让马克升值，于是表面上答应，回去之后却没有行动，但美国的主攻方向是日本，是想让日元升值，所以最后五国签订协议，日本同意了日元升值。

美国的想法是，在日元升值之后，提高日本产品在美国市场的销售价格，这样跟美国同类产品竞争力就降低了，美国要通过这种方式保护美国本土的产业。

在这件事上，我们可能觉得日本很傻。作为产品出口国，日元升值之后，日本产品在国际市场上价位上涨，不利于出口，而出口贸易是经济很重要的组成部分，日本不应该同意美国让日元升值。日本同意的原因是，日本经历了20世纪70年代的迅速发展，已经积累了大量的财富。

我们前面提到过，欧洲国家不管是通过制造业还是通过商业，积累起大批财富之后，商业中心就成为金融中心，这笔积累起来的财富就会进入金融领域。但日本当时不具备进入金融领域的条件，它虽然积累起一大笔钱，但没有办法把它转到金融领域，成不了下一个新兴的金融中心。所以日本不仅要向海外推销产品，积累的财富也要开始向海外投资。日本人觉得，让日元升值，出口产品虽然受了影响，但如果向其他国家投资的话，日元的购买力就提升了。所以日本明明知道出口产品会受影响，也同意了美国的这个建议。日本觉得，国际市场上日元升值导致产品竞争力下降的影响，远远小于对外投资带来的升值影响。

这个方案实行之后，日元的升值一下子变得不可控。在相当短的时间内，日元对美元的汇率从250日元换1美元上升到120日元换1美元，基本是翻了一番。因此，日元升值刚开始确实促进了日本经济的发展。

一个人突然间发现自己太有钱了，就会开始疯狂购物，这是普遍的心理。日本人也拥有这种心理，开始在国际市场疯狂购物，参加各大拍卖，买世界名画，买著名古董，觉得艺术品可以保值。

日本人当时在国际拍卖市场上非常活跃，很多欧洲名画都被它买走了。除购买收藏品之外，日本人还进入美国的股票市场，购买美国公司的股份，还在美国买房子买地。

日本人疯狂消费，表面上看好像达到了日本人的预期。与此同时我们也注意到，美国人的预期也出现了。由于日元升值，日本产品价格提高，在美国的竞争力下降，美国的产业开始复苏。

如果只走到这一步，日本和美国好像是双赢的，但问题在于日元升值之后出现失控。日本人不仅在国外买，而且大多数在国内买。所以日元升值之后，直接导致日本房地产的价格上涨，而且日本人当时坚信房子不会掉价。房地产价格最后涨得相当离谱。举个例子，在价位最高的时候，东京地区的地价跟整个美国持平，也就是说，把东京这块地卖掉，获得的收入能把整个美国买下来。这是违反经济规律的。但当时的日本人没有意识到这一点，认为房价还会涨。这与今天中国的炒房相似，大量的闲散资金进入房地产市场，导致房地产过热。

当时日本人盲目地相信股票会一直涨，房价会一直涨，所以价位多高都敢接，价位多高都往里投。这种价格的上升，最后与实体经济产出的财富距离越来越大。有一个数字，当年日本的 GDP 年增长率是 5%，可是房价每年上涨 15%，股票每年上涨 30%，这种价格的膨胀失去了实体经济的支撑，早晚会崩盘。

房地产价格的虚高，对制造业是雪上加霜，投资的方向变了，资金不能流向实体经济，这才是最严重的问题。随着日元的升值，在国际市场日本产品价位提高，竞争力下降，产品已经开始卖不动了，工厂生存很艰难。国内投资这时候不是投向实体制造业，而是投到了地产、股票等领域，导致制造业更加艰难。

日本经济腾飞依赖于制造业，日元升值之后带来的连锁反应，在某种程度上对日本的制造业形成巨大的冲击。所谓的泡沫经济，就是股市、房地产的虚高和实体经济的下滑形成的一个巨大反差。是泡沫，早晚得崩溃。

总之，日本一直处于这样一种情况下，到了 1991 年前后，政府感觉房地产的价格过于离谱，开始出手调控、打压，没想到调控引起连锁反应，直接导致房地产崩盘，接着股市崩盘，日本泡沫经济破裂。

从 20 世纪 90 年代初开始，一直到 2010 年、2012 年前后，20 年里，日本经济始终低迷。日本学界称之为“失去的 20 年”。这 20 年里，日本经济没有发展，一直到 2012 年之前，都没有从这次冲击当中恢复过来。

当然，现在有的学者认为，日本经济的衰落实际上就是美国设计的一个阴谋。我觉得美国人确实有阴谋，但没想到效果这么好，确切地说是日本人配合得好。

早期的升值是在可控的范围内，如果日本把握住对外投资方向，不那么疯狂购物或者用来做其他投资，例如在海外建厂，发展跨国公司，好像美国也没有办法让它破灭。日元升值最后导致失控，这才是问题的关键。所以我认为，最后的结果可能也是美国人所始料不及的。

我们一定要以史为鉴，我们现在是不是也有类似的问题？北、上、广、深中国这些一线大城市，实体制造业是不是也面临同样的艰难呢？很多开工厂的企业家和我交流的时候说，开个工厂，辛辛苦苦干一年，到年底一算账，还不如炒两套房的收益多。这样一直下去，最后的结果必然是把工厂卖了去炒房子，而类似情况对实体制造业是巨大的冲击。

日本经济崩盘之后，最滑稽的现象是又出现一个回流。日本人当年花高价购买的名画、古董，购买的美国公司的股份，在美国买的房子，在泡沫经济崩盘之后，在日本实体经济开始面临现金流断绝、企业要活不下去时，又把股票、房子等低价卖给人家了，这一出一进，美国人又挣了日本一笔。

欧洲复兴

美元变成世界货币之后，就有了干预其他国家经济的能力。日本后来泡沫经济的破裂，实际上就是美国把汇率调整一下，让日元升值，然后一切就不可控了。这就是美国的货币霸权。

美国能让日元升值，但日本做不到让美元升值。日本影响不了美元，是因为美元的数量太大。美元是世界流通货币，想让美元升值，那是涉及全球的事情。

布雷顿森林体系是美国在第二次世界大战之后确立的一种金融机制，这种金融机制保证了美国的经济霸权地位，美国还利用这个机制去掠夺其他国家的财富，保持其国内的物价稳定。

第二次世界大战结束之后，美国还出台了一个计划，就是复兴欧洲计划。美国公开打出旗号，要重建欧洲，迅速让欧洲经济复兴，前后大概投入了 130 多亿美元。当然这个数字不全是钱，还有的是物资，有的是技术转让。总之，美国从各个角度去帮助欧洲的战后重建，这就是所谓的“马歇尔计划”。

大体上说，美国的投入只有 10%是贷款，这是需要欧洲偿还的，剩余 90%是赠予，是免费给欧洲的。美国通过这种方式去拉动欧洲经济，促进欧洲的复兴。当然，美国也用这种方法把第二次世界大战期间在美国国内生产出来的，那些超过市场需求的产能消化掉了。美国通过复兴欧洲计划去产能、去库存，否则美国的经济也会出现问题。

从政治上讲，美国是西方资本主义国家“大哥”的地位已经确立，不可撼动。但是，没有手下也不行，手下太穷也不符合美国的利益，因此美国要把欧洲扶持起来。

美国是债权国，欧洲是债务国，欧洲各国都欠美国钱。美国若不把欧洲扶持起来，也没有资格管理欧洲。欧洲只有经济复兴，才可能还美国钱，否则美国跟欧洲要钱，欧洲没有钱，美国也没办法，而且美国产品很重要的一个市场就是欧洲。不管从哪个角度说，欧洲的重建都是符合美国利益的，所以，美国大张旗鼓地提出马歇尔计划，要重振欧洲。当然，这也符合欧洲的利益，双方一拍即合。

在美国的支持下，欧洲的经济迅速复兴，这又涉及一个问题，就是第二次世界大战之后的政治格局。

第二次世界大战之后，世界上的主要国家以意识形态划分为两大阵营，就是所谓的资本主义阵营和社会主义阵营。当时世界上除了经济欠发达地区和不结盟国家，基本上都参与到两个不同的阵营中。两大阵营公开对峙，资本主义阵营的领导者就是美国，社会主义阵营的领导者是苏联。这两大阵营阵线分明，表现最明显的恰恰在欧洲，也就是西欧的北约和东欧的华约的对峙。以美国为代表的资本主义阵营国家在军事上建立同盟，这就是北约。为了对抗北约，在苏联的主导下，社会主义国家也建立了一个军事同盟，这就是华沙条约。两个军事同盟之间形成对峙，这个时代我们称之为冷战时代。

马歇尔计划名义上是援助欧洲，但是不援助社会主义阵营的国家。也就是说，美国要复兴的是西欧，东欧不在美国扶持的范围之内。

结合前面讲过的欧洲经济发展过程，我们发现，西欧就是传统上欧洲经济的发达地区。从最开始，威尼斯、热纳亚等意大利北部城市，到后来的荷兰、英国，以及工业革命之后首先完成工业化的第一梯队的国家，都在北约覆盖的范围之内。

也就是说，两大阵营分裂之后，属于资本主义阵营的是欧洲经济发达地区，属于社会主义阵营的是欧洲经济落后地区。西欧能迅速复兴，是因为那边是经济发达区，西欧的底子厚，美国再给一些投入扶植，经济很快就恢复起来了。

社会主义阵营和资本主义阵营对峙分裂之后，美国只投西欧，东欧不发达地区不管，所以，美国的投资效果才特别好。如果美国推动的是整个欧洲复兴，那么美国的花费恐怕要远远超过这些。扶持一小部分地区，而且这个地区还是传统的经济发达区，效果就非常明显。所以，在马歇尔计划之后，西欧各国迅速恢复，比较典型的是英国、德国、法国，经济形势发展得非常好。

东欧地区，经济是另一个样子。所以，两大阵营的分裂不仅是政治问题，也导致了欧洲内部经济的差距，西欧和东欧的经济发展差距在拉大。我们现在所说的欧洲发达国家，不会指波兰等东欧国家。西欧的发达国家，加上美国、日本、韩国，构成了世界经济最发达的第一梯队，这才是我们所说的发达国家。

第二次世界大战之后，随着欧洲的复兴，西欧的这些国家加上美国、日本，其经济腾飞造成一个结果，就是世界各国贫富差距加大。

以苏联为主导的社会主义阵营实行的是计划经济，计划经济和市场经济到底哪个优哪个劣？我认为这个不好评判。总之，不管是计划经济还是市场经济，将之推向极致都是错误的。不要认为市场经济到最后，就是政府完全不干预，完全没有管控，市场经济如果推向极致肯定会混乱。计划经济也一样，把计划经济推向极致，什么都计划，都由政府管控，没有自由贸易，那也不行。所以很难说到底是计划经济优还是市场经济优。

实际上，各国都在摸索怎样将这二者结合。也就是计划经济占多少，自由贸易占多少，市场经济占多少，它们的比例如何搭配，才是一个最理想的结果。我觉得二者缺一不可。但是苏联把计划经济推向了极致，这是苏联经济问题的原因之一，也是致命的一个陷阱。

西欧重建后，经济迅速发展起来，所以东欧也寻求发展。当时的苏联提出了一个理念，目的是让社会主义阵营中的各个国家经济都迅速发展起来。这就是苏联提出的社会主义大家庭概念，即社会主义各国都是一家，既然是一家，那就不用分彼此了，如果每个国家都是小而全，发展速度提不上去，就应该展开分工合作。比如，一个国家发展汽车，另一个国家就发展冰箱，大家互通有无，这样才能形成各国经济齐头并进，迅速发展。

苏联提出的这个理念，表面上看，好像是一个很好的设想。实际上，苏联用这种方法把东欧各国的经济都捆绑在它的战车上，等于取消了欧洲各国的经济独立性。最后的分工是，苏联重点发展工业，其他各国生产原材料供给苏联。这种形式似曾相识，这就是变相的殖民路线。

当时东欧的几个国家都加入了社会主义大家庭。在经济上，都是片面地发展某几个产业，导致经济结构不完整，产业结构不完整。经济上严重依赖苏联，成为苏联的产品经销地、原料供给地。欧洲有一个国家很“调皮”，从社会主义大家庭中退出，就是南斯拉夫。还有一个没有参与的社会主义国家——中国。当时斯大林动员中国加入社会主义大家庭，毛泽东强调中国地大物博，人口众多，有自己独特的国情，所以不适合加入。对中国来讲，这是保护了中国经济的完整性和独立性。

东欧各国和苏联的经济，在计划经济下，在区域分工合作下，短期内有过虚假繁荣，但这种经济形式的劣势和短板是无法弥补的。所以，随着苏联和美国的全球争霸之战，苏联军费开支占的比重越来越大，于是开始重点发展军工。后来美国又出台了所谓的星球大战计划，苏联又跟着发展航天技术，将国力都倾斜到这方面，航天重工就变成了苏联的产业重头戏。实际上这使苏联的经济畸形发展，后来也对苏联形成了致命影响。

直到苏联解体之后，俄罗斯的经济还受此影响。甚至到今天，俄罗斯也没有完全从这个怪圈里走出来。所以，俄罗斯的经济发展不如中国理想，是有历史原因的。

了解日本泡沫经济破裂的原因，对中国政府的有些政策，我们就有了深刻的体会。

为什么要管控房地产？这些年政府始终想办法调节房地产价格。当然，管控的力度好像达不到老百姓的心理预期。我们都想等房价降下来之后，再买一套房，但那时候就是崩盘了。既不能让房价过高，又不能让它的价格过低，需要维持在一个平衡点。我们对房地产的调控就像是在走钢丝，这是很微妙的。

当年日本就是由于调控房地产，最终直接导致泡沫破裂的，我们能不害怕吗？我觉得政府对房地产的调控就是一句话，“战战兢兢，如临深渊，如履薄冰”，要相当谨慎。因为房地产一旦崩盘，不仅涉及一个产业，还会产生连锁反应。

前些年美国一直在迫使人民币升值，为什么我们坚决不升？通过日本泡沫经济的破裂，我们就可以理解了，人民币绝对不能升值，要想办法跟美国打太极拳。美国总是认为，中国现在实体经济发展了，GDP总量上来了，国家富裕了，人民币实际购买力已经不似当年，所以美国想让中国上调人民币汇率。这不是一个便宜，有了前车之鉴，我们坚决不能升值。

当然，人民币升值也诱惑着我们，简单来说，就是人民币升值对我们也有有利的一面。比如，境外投资方面。截止到2018年，中国对外直接投资已经达到1430.4亿美元，仅略低于日本，成为全球第二大对外投资国；至2018年年末，中国对外直接投资存量达1.98万亿美元，是2002年年末的66.3倍，对外直接投资存量由全球排名第25位上升至第3位，仅次于美国和荷兰。中国境外投资的数额越来越大，从这个角度说，人民币升值对我们是有利的。

但是，人民币升值究竟是利大于弊还是弊大于利，这是需要谨慎考量的，一旦决策失误，后果不堪设想。

比如，这几年中国人生活水平提高了，对国外奢侈品的需求明显上升，出现了一个新的职业——代购，就是明显的证据。从这个角度来说，人民币升值对很多中国人是有好处的。并且，它有可能进一步刺激境外购物和消费。

此外，对境外资产的并购等，也应该持一种谨慎态度，这也是日本泡沫经济破灭带给我们的前车之鉴。

缩小贫富差距

随着欧美资本主义发达国家经济迅速发展，带来了两个直接后果。第一个就是，全球国家之间贫富差距在逐渐加大，而且越来越大。第二个就是，欧美这些国家，特别是欧洲各国，经济恢复起来之后很快进入了一种稳定的平衡状态，供需关系达到一种稳定状态。可以说，十年、二十年没什么太大的变化，但这种稳定的背后是经济的停滞。

GDP 不能完全反映经济，它只是一个参考数值而已。但不管怎么说，GDP 可以作为一个参数，证明欧美的经济进入了一个稳定阶段。欧洲经济的 GDP 增长非常缓慢，原因是多方面的。其中一个原因就是，发达国家本来 GDP 总量就大，基数大，增长的百分比就小。

改革开放之后，中国的经济发展一直是上升的，欧洲可以说基本上是水平的。欧美的经济始终处在一个稳定的状态，经济结构、社会结构进入稳定的状态，这是欧美的问题，也是发达国家的特点。我们向上发展，是因为我们与欧美有很大的差距，我们不发展的话，贫富差距就会越来越大，所以我们得想办法往前赶。

西方经济学家有一种观点，当然也是在测算的基础上提出来的。全球的经济发展大趋势是贫富差距在加大，那么，贫穷国家发展经济，有没有可能把贫富差距缩小，甚至最终赶上欧美发达国家？答案是，可能性是有的。但有一个先决条件，就是 GDP 的年增长率要保持在 6%以上，才有可能缩小贫富差距，甚至最终赶上欧美发达国家。这是因为欧美各国进入稳态结构后，经济增长是很缓慢的，GDP 的年增长率基本在 1.5% 到 2.5%。欧美国家 GDP 年增长率若是达到 4%，都算是高速增长、经济快速进步时代了。

西方经济学家的这种理论在中国改革开放之后变成了现实。中国的改革开放，在世界范围内非常轰动。这是因为我们成功地缩小了与发达国家之间的经济差距，而在我们之前，还没有哪个国家真正做到这一点。这就是中国改革开放最成功之处。

中国从 1978 年改革开放以来，历年 GDP 增长的百分比分中，1981 年增长率是 5.1%，没有达到 6%；1989 年 4.2%，没有达到 6%；1990 年 3.9%，没有达到 6%。截止到 2018 年的 40 年中，只有这三年没有达到 6%，其他年份都在 6%以上，最高峰达到年增长 15.2%。可以说，中国把西方经济学家的预测变成了现实，做到了改革开放之后 37 年 GDP 增长率都在 6%以上。所以中国跟欧美国家经济水平、人民生活水平的差距在逐渐缩小，而其他贫穷国家都是差距越来越大，只有中国创造了这个奇迹。

但也不能认为我们现在就已经赶上发达国家了，我们只是在缩小差距，还没有达到欧美国家的水平。实践证明，我们的这个经济学理论是正确的，即 GDP 保持 6%的年增长率，就能缩小与发达国家的差距，乃至最后赶上发达国家。

中国改革开放的契机

中国的经济，在改革开放之前封闭，是有着主客观原因的。中华人民共和国成立后，美国一直对中国进行经济封锁，这是客观原因；我们在经济建设方面走了一定的弯路，这是主观原因。内外因加在一起，导致中国经济封闭，进而落后。

国外的经济学家认为，中国的改革开放赶上了一个很好的契机，时间点刚刚好。以美国为首的发达国家，从 20 世纪六七十年代开始，存在制造业逐渐脱离本土的趋势，特别是 70 年代开始实行跨国投资、建厂。原因主要有三点：一是担心破坏本土环境；二是境外劳动力便宜，可以降低成本；三是可以想办法避税。中国恰在这个时候改革开放——各国想境外投资，我们要引进外资，正好对接。

另外，中国地大物博，人口众多，国内市场庞大，引进生产线无后顾之忧，这是很多小国家没有的优势。像西亚各国，人口少，国内市场小。例如沙特阿拉伯，人均 GDP 高，但人口只有不到 5000 万，如果引进生产线，在本国出售的利润还挣不回生产线的本钱。所以西亚一些国家，除了石油几乎什么都不产，没有办法发展本国经济，全靠进口买成品。

庞大的国内市场是中国的优势所在。就比如中国人最开始买日本彩电的时候，要排队，价钱还贵。但是这种现象没有持续多久，很快我们就引进了生产线自己生产，彩电的价格降下来了，奢侈品变成了日常用品。

在这个过程中，我们不仅吸引来了外资，还有技术，虽然掌握的不是最先进的技术，但是也比自主研发要快得多。价格降下来后，劳动力便宜、成本低，很容易就打入了国际市场。虽然质量不过关，但因为便宜，很长一段时间内中国商品充斥国际市场。中国经济在这样的背景下进入了一个良性循环，这就是邓小平实行改革开放的“开放”带给我们的益处，也是中国经济腾飞的基础。

我们没有核心技术，依靠劳动力的便宜和不惜破坏环境资源来获得竞争力，然后再去治理被破坏了的自然环境。我认为这样做是值得的，因为经济的发展契机不会再来。

在此之前我们是封闭的，当时整个世界经济体不包括中国，我们被排挤出来了，中国应该占世界四分之一的市场份额被别人填补。

世界经济一体化之后，经济总规模是一定的，只是每个国家所占的份额是不一定的。欧洲在第二次世界大战期间被打残了，所以欧洲的份额被美国分去了，美国由此发展强大起来。中国改革开放以后，产品开始打入国际市场，因为价格便宜，在国际市场上就挤占了欧美发达国家的份额，所以，中国在改革开放中经济发展的速度越快。

中国 1978 年决定改革开放，接着美国就出现了经济低迷，为了解决经济低迷，美国在 1985 年开始算计日本，导致日本在 1991 年经济泡沫破灭，这里有着内在的联系。

有学者指出，在历史上，曾经中国的人口以及制造业的产量始终占全球的四分之一左右。中华人民共和国成立之后，因为美国对中国的经济封锁，我们本应占据的份额被其他国家挤占。改革开放之后，我们不仅回归到历史上四分之一左右的份额，可能还有所扩大。那是在一种特殊时期下，中国进出口贸易畸形发展的结果。2008 年以后，很多企业家感觉贸易不如以前好做了，我认为，这是因为我们在国际市场上又退出了一定的份额，回归到一个正常的百分比。换句话说，现在我们所占的百分比可能才是正常的，并且，这种态势会长期持续下去。

总之，从事与进出口贸易相关行业的企业，应该立足于现状，制定自己未来的发展战略，因为中国在这个领域所占据的份额绝对不可能回到从前了。这不是中国是否发展、是否有竞争力的问题，而是由全球整体经济格局决定的。

中国经济面临的转型

自 2008 年以后，中国的制造业也面临着困难，原因在于：

第一，经济学家指出，所谓的人口红利没有了，也就是劳动力不便宜了。这是中国社会发展进步的结果，也可以说是一个国家经济发展的必然结局。当初是因为中国经济水平低，所以劳动力才便宜，而经济的发展归根结底是要改变人民生活水平的。四十年里，我们的生活水平不断提高，比如以前冰箱、彩电都是奢侈品，现在都是日常用品。因此，必然导致劳动力成本提高。

第二，现在我们强调环境治理，不能盲目开采、破坏环境了，生态保护限制了很多产业的发展。

第三，以前我们靠价格便宜挤占了很大一块国际贸易份额，现在价格提上来了，那部分份额就被让出去了。

第四，在技术和品牌上没有优势。

以上几点原因综合在一起，构成了 2008 年以来中国制造业的艰难处境。但目前陷入困境并不代表中国经济出现了问题，而是经济发展带来的必然结果。中国经过改革开放四十年的发展，平均每年保持 6%以上的经济增长率，与发达国家的距离越来越小，那么其他的指标也要与发达国家一致，这是中国将要面临的一种从发展中国家向发达国家的转型。

我们经过了四十年的发展，现在需要做很大的产业结构和供需结构调整，才能完成这次转型。可以说，从2008年开始这种转型就出现了苗头，到2012年之后变得越来越明显。目前这种转型已经到了关键时刻，如果这几年转型成功，我们就会步入发达国家行列。

针对中国现在面临的经济困境，还有一个因素我们要考虑。前些年我们的经济迅速发展，很重要的一个原因在于城市化。在此之前，我们曾说中国有8亿人口，7亿是农民，人口大多数在农村。那个时期的中国从本质上讲，还是一个农业国家，或者说我们还处在传统的农业社会，没有完成工业化。一直到改革开放以前，我们都没有完成工业化，人口的绝大多数在农村，工业发展比较落后。

中华人民共和国成立以后，我们自主生产拖拉机、汽车还做不到。吉林工业大学最开始叫长春汽车拖拉机学院，在当时是很厉害的。我们自己能生产拖拉机都是一个进步，“一汽”生产出红旗轿车又是一个进步。在高精尖技术这一块，我们的发展是比较快的，后来卫星都上天了。但是整体社会经济的发展并不取决于高精尖技术，而是实体经济的技术，或者说通用技术、民用技术，才是决定经济发展水平的一个重要技术因素。改革开放之前，我们在这方面始终是落后的，因此我们还处在农业社会之中。

改革开放之后我们才完成了工业化，进入了工业社会。而在这个过程当中，我们也经历了所有工业化国家都走的一条路，即城市化，城市人口占总人口的比例越来越高。所以现在有所谓的“空心村”问题，在我看来，这恰恰是中国经济发展造成的新问题。说白了，这也是农业产业结构怎么调整的问题，这也是发达国家走过的路。

美国农业就业人数约为 350 万人，占总人口的比例不到 2%，却养活了 3 亿多美国人，粮食多得吃不了，干脆出口，还成为全球谷物出口大国。但这并不是一蹴而就的，也是经过不断进行农业产业结构优化，最后形成机械化大农业，使农业人口降到了最低。美国农业就业人口比例在 1840 年接近 70%，大约在 1885 年降至 50%，到 2010 年降至 2%。美国农业人口持续降低的过程持续了 170 年，才达到今天的水平。

1949 年，中国人口总数是 54167 万人，其中农村人口数量为 48402 万人，占总人口的 89%。1980 年，中国人口总数是 98705 万人，其中农村人口数量为 79565 万人，占总人口的 80.6%。2000 年，中国人口总数是 126743 万人，其中农村人口数量为 80837 万人，占总人口的 63.8%。2016 年，中国人口总数是 138271 万人，其中农村人口数量为 58973 万人，占总人口的 42.7%。大体来说，改革开放之后，我们用了不到四十年的时间，将农村人口由 80%降至 40%，减少一半。城市人口已经接近总人口的 60%，在城市化方面我们取得了非常大的进步。当然，42.7%的农村人口比例显示出，中国现在还没有完成城市化。

从改革开放开始，我国的城市人口越来越多，实际上也是拉动我们经济发展的一个重要因素。为什么前几年房价一直在上涨？在一定程度上是有刚需的，因为城市人口越来越多，得有住的地方。但发展到今天，由于最近几年城市人口的增长速度已经明显放慢了，那么这个拉动经济的因素也不存在了。这是我们现在说经济走入困境的因素之一。

另外，中国经济面临困境也有国际方面的因素。

据网上的数据，2018 年全球范围内 GDP 增长率超过 6% 的国家一共有 30 个，这说明像中国这样努力缩小跟富国差距的国家在增多。可以说，中国给它们做了榜样，现在很多国家都在模仿中国进行经济改革，搞改革开放，也在努力发展经济，去缩短跟发达国家之间的距离。

亚洲 GDP 增长速度超过 6％的国家，有孟加拉国、柬埔寨、塔吉克斯坦、蒙古、印度、尼泊尔、老挝、菲律宾、缅甸，这些全是中国周边的国家，其中菲律宾、越南、老挝、柬埔寨、缅甸、孟加拉国、尼泊尔、印度、塔吉克斯坦都在中国南边，只有蒙古在中国北边。也就是说，中国以南的国家，经济增长速度都提上来了。这反映了两个方面的问题。一方面，中国改革开放之后，在中国以南的国家，特别是东南亚、南亚，是中国商品很重要的倾销地，但现在随着这些国家经济发展速度的提升，全球经济的蛋糕它们切的份额变大了，中国就会变小。简单地说，它们开始挤占中国的份额。另一个方面，从深层次来讲，中国周边国家经济增速的原因是外资甚至包括中国资本进入这些国家的结果。我们前面提到，改革开放初期，我们吸引外资到中国投资建厂，因为劳动力便宜。现在中国劳动力不便宜了，那么原来在中国投资的那部分资本就流向了中国周边国家，甚至包括中国的资本。中国人以前没钱，在境外投资是投不起的，现在中国人有钱了，也在考虑钱的投资方向，向国内投，好像不如在越南建厂，那里人工便宜。中国南边国家经济的发展，不仅与国外资本的进入有直接关系，而且和中国也有直接关系，这就是中国经济发展对周边地区的拉动。

我们会发现，有中国商人去中国南边那些国家投资建厂，甚至是买房子置地，原因很简单——劳动力便宜。比如，在深圳雇一个工人，月薪给到 3000 好像都没有人来，到了越南，月薪 800，很多人愿意干，这就是差距，和我们改革开放初期的情况是一样的。

这是中国经济发展对周边国家经济的拉动，但这种拉动回过头来对中国构成一种竞争，这也是造成我们经济发展陷入困境的原因之一。

欧美经济的发展

现代欧洲最大的一个变化就是欧盟的成立。

1965 年 4 月 8 日欧共体成立，有德国、法国、意大利、荷兰、比利时、卢森堡六个国家。1973 年丹麦、英国、爱尔兰等国加入，1991 年 12 月 11 日，在欧共体基础上，欧盟成立。欧盟最初就是在我们所说的资本主义阵营里成立的。随着苏联解体，社会主义阵营瓦解，出现了一个所谓欧盟东扩的现象，东欧有国家逐渐加入欧盟。这在当时是相当引发学者关注的，欧洲自身来了一个整合，欧盟最开始局限在西欧，后来往东扩，扩到东欧。那么会不会最后整个欧洲变成一个经济体？如果是那样的话，它会从整体上改变世界的经济格局。

欧盟的本质不是一个政治军事团体。从军事角度来讲，欧盟大多数成员国是美国主导的北约成员。欧盟更多的着眼点在经济层面，加入欧盟之后意味着彼此之间消除关税壁垒，欧盟是以提倡自由贸易、降低关税为前提的一个组织。

再后来的一个突破是欧元的出现。不仅各国的关税壁垒消除了，而且要统一货币，这比当年美国主导的布雷顿森林体系可能还要先进，布雷顿森林体系仅仅是固定汇率。

总之，欧盟的出现，是提倡自由贸易的结果。提倡自由贸易就要降低关税，消除关税壁垒，使各国之间商品随意流通，人员随意流动。在这个过程中，欧盟各国抱团取暖，在一定程度上加强了欧洲经济的竞争力。我觉得美国经济的低迷与此可能都有关系。

我强调，欧盟是自由贸易的结果，包括我们说的世界贸易组织（WTO）等，都是自由贸易的产物。但自由贸易的背后必须是产业具有竞争力。从历史上看，都是自己的产业有竞争力的国家提倡自由贸易，就是为了自己的商品随便卖。因为若进口产品有竞争力，再不收税，就很容易把本国产业挤压得没有生存空间，所以经济欠发达的国家一般都采用贸易壁垒政策，即提高关税，让别国的产品进不了本国境内，以此来保护本国产业。这是一个永恒的规律。

产业、产品有竞争力的国家高喊自由贸易，而没有竞争力的国家沉默了，偷偷地提高关税。所以说，是否提倡自由贸易，与本国制造业的竞争力是成正比的。

欧盟的出现，实际上违背了这个经济规律。欧盟最开始由英、法、德组成的时候，它们的经济发展水平差不多，产品竞争力也差不多，所以它们之间可以打破关税壁垒，因为大家的竞争力是一样的，谁都不收税，自由竞争。但随着欧盟东扩，把大部分欧洲国家都囊括进来后，国与国之间的经济差异就非常大了，在这种情况下再提倡自由贸易，是违背经济规律的，就会变成工业化强国对弱国的一种掠夺。这时自由贸易之后就会出现殖民主义时代的现象：有的国家产品有竞争力，若是都没有关税壁垒，其产品卖到哪个国家就将那个国家本土的产业击垮，最后那个国家就变成原料供应地和产品倾销地，实际上就成为新殖民地了。

欧盟的发展，实际上是违背经济规律的。现在土耳其还要加入欧盟，欧盟想再往前发展也是很困难的。因为国家之间经济发展差异太大，再加上全球经济低迷，欧盟内部很多问题，在我看来是死结，解不开。

2008年以来全球的经济低迷，实质上是由供需关系导致的，说得更直白点，就是产品生产多了卖不出去，然后制造业就得收缩。

与此同时，欧美国家奢侈品转化为日常用品的速度慢下来了。前面我们讲过，进入工业社会之后，要想维持它的良性发展，必须不断把奢侈品变成日常用品，然后经济，特别是制造业，要进入一个良性循环。欧美经济呈稳态结构，不是欧美没有那么大的产能，而是没有那么大的市场需求。为什么没有市场需求？就是奢侈品转化为日常用品的节奏跟不上生产节奏。

举例来说，欧美一个中产阶级的家庭，现在家里用的、吃的、穿的、带的这些东西，跟20年前的中产阶级家庭的区别不大。这就可以从一个方面证明奢侈品转化为日常用品的速度降下来了。

中国前一轮经济高速发展跟这种高转化率是有关的，当然也跟我们底子薄有关系。中国这个转化速度特别快，你会发现不断有奢侈品进入我们的日常生活。我们现在装修房子的花费跟20年前有可比性吗？这就是一个典型的例子。

把欧美和中国中产阶级的生活相比较，就能看出这个问题。欧美的奢侈品向日常用品的转化速度降下来，导致在供需关系上市场需求增长缓慢。市场需求不能扩大，生产就不能扩大，经济就呈现出稳态结构，始终处在这个水平，很难再往上升。

欧洲、日本、韩国、美国都是这样。这是发达国家普遍面临的问题——转化速度慢了之后，很可能在下一轮竞争当中处于劣势。

比如，现在手机微信支付在中国已经很普及了，但在美国的普及率却没有中国高，他们还习惯于刷卡消费，不是拿微信支付。中国现在的经济从本质上来讲是比不上美国的，虽然这几年差距在缩小，但我们还没有赶上，但在移动支付这个点上，我们是领先于美国的。这背后是奢侈品转化为日常用品的一个体现，我们比美国先转化了。我们好像也有过刷卡的时代，但没几年就过去了，现在都用手机微信、支付宝等，我们在这些方面都比美国发达，这就是我们进一步发展的一个契机。

经济发展跟人的观念有关。中国人的观念与西方不同。举个例子，假如端午节有三天假期，单位需要员工加班，并需支付5倍工资，那么是选择要三天假期，还是选择上班？中国人可能都会选上班，欧美人则基本上会选假期，这就是观念上的差异。

还有个笑话，实际上也反映着观念的差异。一个人去旅游，看到一个渔民，打完鱼就在沙滩上晒太阳。这人跟渔民说："你继续打鱼，打更多的鱼啊。"渔民问："打更多的鱼干吗？"这人说："可以挣更多的钱啊！"渔民说："挣更多的钱干吗？"这人说："你就可以买大房子，就可以开游艇出去，到沙滩上晒太阳。"渔民说："我已经在沙滩上晒太阳了。"

欧洲的工薪阶层不见得比我们的工薪阶层富裕多少，但是他们的观念和我们的不一样，他们觉得有点钱就够了，要享受生活，而中国人有一颗拼命挣钱的心。对中国人来讲，赚钱的愿望是永远不会满足的。有一千万的时候想着挣到两千万，有两千万的时候想挣到一个亿，一直在往前推进。实际上中国人这个观念是促进经济发展的，会使奢侈品向日常用品的转化速度加快，保持一个高的转化率，这样才会有庞大的市场需求。有市场需求才能拉动制造业，所以中国经济一直在高速向前发展，而同期的欧美则呈现出稳态结构，经济发展水平上升缓慢。这可以算是我们的一个优势。

金融业的新变化

由于欧美各国作为发达国家，长期以来积累了大量的财富，所以欧美的金融业就发展起来了。换句话说，就是欧美各国并没有将大量资金投在制造业上，即实体经济上。我认为这是发达国家的特点。在我看来金融业是虚的，制造业才是实的。因为不管怎么操作，产品是实际存在的东西，但金融业不是。

实体经济是把产品卖给客户，客户需要拿钱买。产品在生产者那里没有了，但生产者见着钱了；消费者的钱没了，但见着东西了。可股票一降价，好像大多数人都没挣钱，钱等于凭空蒸发了，这是金融业的特点。

金融业作为一个独特的产业，跟此前人类社会的所有产业都不一样，它有自身的特点，有自身的运行规律。金融业最大的特点就是，它的财富可以蒸发，也可以突然间凭空产生。作为一个独特的产业，其领军人物是美国和英国，以美国为主。

古代的金融业只是货币汇兑、证券买卖与结算业务的总称，而当代的金融业是货币资金融通的总称，即主要指与货币流通和银行信用相关的各种活动，主要包括货币的发行、投放、流通和回笼；各种存款的吸收和提取；各项贷款的发放和收回；银行会计、出纳、转账、结算、保险、投资、信托、租赁、汇兑、贴现、抵押、证券买卖，以及国际贸易和非贸易的结算，黄金白银买卖、输出、输入等。其中的许多运作相当复杂，给投机者留下了大量的空间。

美国的金融业是最发达的，可以利用金融来掠夺其他国家的财富。以 1997 年东南亚的金融风暴为例。从 1997 年 1 月开始，以乔治·索罗斯为首的国际投机商开始抛售泰铢，买进美元，导致泰铢直线下跌。泰国政府尽管也进行了一系列努力，但是泰国仅有的 300 亿美元外汇储备，最终无法阻挡国际金融大鳄的进攻，泰国央行被迫宣布实行浮动汇率制，放弃长达 13 年之久的泰铢与美元挂钩的固定汇率制，使泰铢兑换美元的汇率下降了 17%。由此引发了泰国挤兑风潮，挤垮银行 56 家，泰铢贬值 60%，股票市场狂泻 70%。由泰国引起的金融动荡一直蔓延到亚洲北部乃至俄罗斯，马来西亚、印度尼西亚、日本、韩国均受重创，其人民的资产大为缩水，亚洲人民多年创造的财富纷纷贬值，欧美国家利用亚洲货币贬值、股市狂泻的时机，纷纷兼并亚洲企业，购买不动产，鲸吞这些国家和地区的财富。

国际金融大鳄炒作的结果，从这些国家掠夺财富，对这些国家的经济产生了巨大的负面影响。马来西亚总理马哈蒂尔说："这个家伙（指索罗斯）来到我们的国家，一夜之间使我们全国人民十几年的奋斗化为乌有。"据估计，从 3 月到 9 月，马来西亚排名前 12 位的富翁，仅在股票市场就损失了 130 亿美元。

可以毫不夸张地说，现代金融业已经成为强盗手中的剑。美国可以利用金融这个产业或者说这个工具去掠夺其他国家的财富。按照中国古人的说法，凡事有一利必有一弊，有阴必有阳，阴阳才能合太极。这个世界上就没有有利无弊、有弊无利的事，都是弊和利结合的。金融产业帮助美国掠夺其他国家财富的同时，也对美国自身产生了影响，就是前几年刚刚出现的次贷危机。

2008 年，拥有 158 年历史的雷曼兄弟公司宣布申请破产保护，作为曾经的美国第四大投资银行，竟然负债达 6130 亿美元。显然，这不仅仅是因为次货危机导致大面积房贷还不上那么简单。

贷款买房要进行资产核查，评估购房者有没有偿还能力，有偿还能力的才给放贷，没有偿还能力的不给贷。而次贷危机的起因，是银行放宽了贷款的规模，降低了门槛，对以前一些不具备贷款条件的人也给贷款买房。经济低迷，使有些人失业，有些人降低工资，因此就还不上房贷了，还不上房贷银行就收房子。房子积压在银行，银行现金流断绝，资金周转不过来。次贷危机的发生过程就是这样的。

在这个过程中，如果美国不进行金融业的运作，结果不会那么悲惨。金融产业虽然可以通过操作、炒作来掠夺他国财富，但同时也给自身埋下了灾难的种子，最后引发严重后果。东南亚金融风暴是在美国发挥金融产业优势的时候发生的，而次贷危机是其缺点暴露的时候发生的。

金融业这个产业并不能独立于实体经济之外，跟实体经济密切相关。首先，它涉及一个资金流向问题。资金是流向实体经济还是流向金融业？简单地说，就是你手里这笔钱是投资建厂还是炒股票。金融业越发达，对实体经济的负面影响越大。但目前发达国家的金融业实际上已经到了一种无法管控的时代，即它已经走向了自身的规律发展和前进道路。因此它成为全球经济不稳定的一个重要因素，使全球经济出现了很大变数，并且对实体经济产生了很大的负面影响。

总之，我认为，2008 年以来全球的经济低迷，最重要的原因就是这两点：第一是市场需求增长速度缓慢，第二是金融业带来的负面影响。

中国的产业结构

全球经济低迷对中国经济产生了负面影响。

我前面提到，大概从2008年开始，中国经济走向转型，恰恰我们在进行经济转型的时候，国际大形势不好，诸因素结合起来，才造成了中国近些年经济的困境。

归纳一下影响经济的因素，有人口红利的消失、劳动力成本的上升、环境资源的约束、城市化的速度降低，有全球经济的低迷，还有人的观念问题。其中，只有人的观念对中国经济的影响可能是正面的，其余都是负面的。那么，就靠一个观念能突破经济的困境吗？显然是不现实的。

我们前些年提“去库存”“去产能”，背后的原因实际上是我们在全球市场份额里切下来的蛋糕在缩小，即前些年我们靠便宜商品在世界市场中占有的份额，现在得退回去一部分。以前那是畸形的发展，不正常，现在产品质量上来了，但是价格也提上来了，这才是一个正常的竞争。在这个过程当中，市场消失了一部分，产能还是那么大，就要出现库存了。由于生产过剩，所以去产能、去库存。但去产能、去库存只是被动防御，消极防守，并不能带来中国经济的转型。

有人会说，以前我们往国外出口那么多，现在出口降低，可以少生产点，这样就将问题解决了。减少生产可以使经济进步速度降下来，发展停滞了，并不能从根本上解决问题，只是应急之策。要从根本上解决问题，就需要进行产业结构调整，经过产业结构调整，建立新的供需关系，才能完成中国经济的转型。或者从结果上说，我们的经济发展水平、社会生活水平都赶上发达国家，我们自身就是发达国家了。

我们现在还不是发达国家。我们有能跟世界发达国家相比的发达地区、发达城市，但是前两天总理还说，中国还有 6 亿人月收入不到 2000 元。这是我们境内的地区差，也是我们自身存在的一个问题，需要产业结构调整转变，才能真正赶上发达国家。

就像鲤鱼跳龙门那样，跳过去就是龙，但是不容易跳过去。在这样一个转型时期里，面临的内部、外部环境皆不理想，这才是中国这些年经济艰难的根本原因。

我认为，当下的疫情对经济的冲击不是根本性的，只不过起到了雪上加霜的作用。我们的经济本来就处在比较艰难的时期，此时赶上这场疫情，只会让中国经济更加艰难，却不会让中国经济因为疫情而垮掉，最后能不能完成这个转型，也不取决于有没有疫情。这种短期的突发性事件，其影响也必然是短暂的，根本问题在于我们的产业结构需要调整。那么，调整什么？

第一，调整农村产业结构。

以史为鉴，从历史上看，欧洲这些发达国家当年能支撑工业快速发展，都是由于它的农村产业结构进行过调整，不再是传统的粮食种植。比如荷兰的经济腾飞，固然跟造船业有关，它拉动了一批产业，但最主要的是荷兰的农业产业结构进行过调整，即不是以粮食种植为主。当然，这跟荷兰的自然条件有关，它是靠海低地，不适于发展粮食种植。荷兰的农村产业结构和经济以及工业的发展是同步完成的，所以荷兰的农村不是以粮食种植为主，而是以经济作物种植为主。英国的圈地运动，也是农村产业结构的一种调整。

从这个角度去说，中国农村是面临转型的，是需要调整的。当然，我们现在的农村也有很多地方是有自己的特色产品的，或者说靠乡镇企业而不靠种地了，但这样的地方是比较少的，是局部的。我们的多数农村目前还停留在粮食作物种植上，东北就是典型，这是需要调整的。从历史上来看，农村的产业结构不进行面向工业社会的优化，就无法对工业的发展起到支撑作用，就会成为拖累经济发展的包袱。

第二，需要改革的也是需要完成转型的，即我们的制造业要从劳动密集型转化为资本密集型或者技术密集型。

单纯靠大规模人工生产来发展，靠劳动力成本低来发展，显然是过时的。但这个转型目前来看还没有完成，甚至是刚刚起步。改革开放之后，我们的工业实际上是两条腿走路，既有工业革命之后的机械化大生产、大工厂，也有传统农业社会的手工业制造。我们有大工业，特别是国企。但是改革开放之后，南方经济发展了一个很重要的支柱产业，我们叫乡镇企业。南方GDP高的县和市，一个市的GDP就比吉林省高。这些地方，不靠能源，不靠农业，不靠商业，全靠民营企业或者说乡镇企业。

但是，这些乡镇企业有着共同的特点：规模小，技术落后。乡镇企业，在当时的环境下对中国经济发展起到了非常重要的作用。现在它的发展是艰难的，而且下一步必须转型。因为这种乡镇企业根本就不是工业化之后的产物，而是类似于传统农业社会的手工业作坊。

乡镇企业只能是过渡时期的产物，它不代表未来社会的发展方向。在中国改革开放初期，从农业社会向工业社会转化过程中有它生存的空间，它也为中国的经济发展做出了巨大贡献，拉动了中国经济的高速增长。但是发展到今天，这一大片产业都需要转型。如果不转型，在未来的竞争中，乡镇企业大量倒闭，那对中国经济的负面影响是不可估量的。

第三，国企的转型。

第四，新的产业结构的转型。

荷兰的历史经验值得我们借鉴，所以中国下一步在产业结构上一定要寻找自己的龙头产业，靠这个龙头产业拉动一批产业，比如荷兰的造船业，这才适应未来的经济发展趋势。

第五，打造本国品牌。

关于这一点，可以说现在已经有苗头了，但是也没有完成转型。现在国内的品牌屈指可数，这是远远不够的。所以下一步就是打造品牌。原因很简单，不打造品牌，怎么能完成从奢侈品到日常用品的转化？

这是从宏观上谈中国现在面临经济转型的五个方面，在这个过程中，除制造业之外，还有两点是非常重要的，一个是能源方面的新发现，另一个是交通运输能力的改善。这两点虽然不涉及所谓的转型问题，但这两个问题如果不解决，就会拖累中国经济的发展。

总之，中国现在的经济困难是发展带来的结果，也就是说，我们的发展要突破临界点，目前这些困难从根本上讲都是这个原因造成的。那么我们能不能转过去？能不能转好？思路是非常重要的。

经济的根本供需关系

工业革命之后，人类进入了工业社会。工业社会的经济基础是机械化大生产。

如果再深入一点理解的话，所谓的工业社会，就是人类消费的主要是工业产品，而从这个角度看，工业社会的到来改变了我们的生存方式。在农业社会的时候，人类消费的主要产品是种植业生产的产品，或者从广义上说是农业产品。到了工业社会，我们消费的主要产品不再是种植业生产的产品，而是工业产品。但是有一点没有改变，即经济的根本仍旧是供需关系。

渔猎采集社会也存在一种供需关系。但那种供需关系决定了渔猎采集社会处于低度发展或停滞状态。因为没有保存食物的方式，没有办法扩大再生产。

农业社会在一定程度上解决了食物的贮存问题，财富可以积累了，也就可以扩大再生产了，但是供需关系仍旧是社会生产的一个基调。在中国古代农业社会早期，在采取单一粮食作物种植方式的时代，出现了社会的一种循环性，实际上背后就是供需关系在发挥作用。开始是农业生产发展，使得粮食生产的总量增加，供大于需后，粮食价格大幅度下降。古代的太平盛世都是出现在粮价极低的时候，因此古代将之作为太平盛世的象征，但古人也认识到了一个问题——“谷贱伤农”，粮食价格低了之后，对农业生产产生的影响是负面的，但在那个时候解决不了这个问题，即供需之间的矛盾。

进入工业社会之后，虽然我们消费的产品变了，变成以消费工业产品为主，但供需之间的矛盾仍旧存在，它仍旧是生产面临的一个主要矛盾。而此时若供需关系调整不好，就出现经济危机。所谓经济危机，其实质就是供需失衡，这是一个深层次的矛盾，或者说这是决定经济的一个深层次原因。

我们讲过，资本主义的殖民时代，欧洲各国建立殖民地，欧洲各国的生产不仅是为本国生产，同时也是为殖民地生产。殖民地供给宗主国原材料，并成为宗主国产品的倾销地，是在这个基础上构建起一种供需平衡。两次世界大战之后，殖民主义被摧毁，殖民地纷纷独立，这种供需关系也随之被摧毁。特别是第二次世界大战以后，欧美开始建立一种新的供需关系，它的产业不仅是为欧美发达国家生产，同时还为第三世界生产，但与当年殖民帝国时代不同，这种关系带来的结果，从好的方面说，是社会经济非常稳定，因为供需关系很平衡，或者再深一步解读，就是社会的工业总产量和市场需求基本达到了平衡。

在这种状态下，优点是经济稳定，缺点是经济发展速度放慢，很难扩大再生产。生产总量和市场总需求达成 1：1 的匹配，如果扩大再生产，就会供大于求，就容易引发经济危机。所以，在达到稳态结构之后，经济的发展就进入了停滞阶段。欧美经济的年增长率只在 1.5%—2.5%，能达到 4%都称作经济高速发展时期了，结构性的原因就在于此。

在这样的背景下形成了所谓的南北差异，即赤道以北是发达地区，或者说经济比较发达、富裕的国家，赤道以南多数是贫穷的国家，经济欠发达。实际上，南北差异的背后也是供需关系的不平衡。

中国改革开放的影响

从世界经济的大背景来看，中国的改革开放对世界经济结构构成了一种冲击。

中国改革开放之前，世界经济结构处于稳态，各国发展速度都挺慢。中国突然间高速发展起来，原有的供需关系被打乱，给世界经济带来了活力。我认为，中国改革开放对世界经济的发展起到了推动作用。

当年有的国家抵制中国产品，打的旗号是中国产品质量不过关、假冒伪劣太多。有的国外商店公开说“本店没有中国货”，以此作为招徕顾客的手段和噱头。但我认为，抵制中国产品的根本原因，并不单纯因为质量不过关，而且因为中国产品冲破了这些国家原有的供需平衡。原来这些国家是生产多少卖多少，很平衡、很稳定，突然间中国产品进来了，既便宜还受欢迎，就把原来的供需关系给打乱了，这才是最大的问题。

如果仅仅从这个层面去理解中国的改革开放，就会认为中国扰乱了世界市场，好像起的作用是负面的。我之所以认为中国给世界经济带来了活力，原因在于改革开放之后，仅仅是中国产品向世界倾销吗？世界各国的商品又向中国倾销了多少？我小的时候，中国人家家买的彩电都是日本产的，后来的照相机、胶卷也都是日本产的。我们这一代人和上一代人，谁不知道柯达、日立、东芝？当时的日本货充斥着中国市场，几乎影响了中国两代人。中国实行改革开放之后，打开了国门，外国商品大量进入中国，实际上是中国给世界各国提供了一个广大的市场。当然，我们也在生产产品进入世界的市场。

从这两个方面看，中国都对世界经济产生了极大的影响，打破了欧美经济原有的稳态结构，带来了世界经济的发展，使世界经济开始了新一轮的自由竞争。

有人说资本主义经济的核心就在于自由竞争，这是有一定道理的，所以美国提倡反垄断。我们都知道，美国专门有《谢尔曼反托拉斯法》，即指企业发展形成垄断之后，政府会介入，对其进行硬性拆分，微软公司就曾面临这个问题。在美国，一个企业对这个行业构成垄断是不行的，即便没有采取非法手段，只依靠自由竞争，企业越做越大，但产品已经占市场份额80%以上了，公司就必须拆分。美国这种法律是从政府角度严格禁止行业垄断。

人们从历史发展过程中总结，垄断不利于经济发展。一个企业对一个行业构成垄断之后，用马克思的话来讲，资本家必然追求垄断价格。所谓垄断价格，就是市场百分之八九十的产品由一个公司垄断，那么这种产品的定价权就被这个企业所控制。这种情况下，没有哪个资本家会降价，最后的结果必然是随意涨价，这对经济的发展很不利。

美国在历史上逐渐总结经验，发现垄断对经济发展不利，所以坚决反垄断，要求行业自由竞争，是因为它认为自由竞争能带来经济活力。企业之间自由竞争，要想生存，就得降低成本、降低价格。价格高、成本高的产品卖不出去，企业就死掉。降低成本的目的是降低价格，以便在竞争当中处于优势。怎么能降低成本、降低价格呢？往往需要技术革新。还是原来的机械设备和原来的工人，很难大幅度降低成本。因此美国认为，自由竞争能导致企业追求降低成本，进而就会琢磨怎样进行技术革新，而这种技术革新会从根本上推动经济的发展。所以我认为，邓小平同志提出改革开放的政策，不仅是中国经济受益，而且全球经济都受益，因为中国的改革开放打破了世界经济的稳态结构，推动全球经济向前发展。

在中国改革开放的过程中，世界经济出现了新一轮的自由竞争。做个不太恰当的比喻，就好像原来几个人一直在齐步走，走得快点和慢点都不行，大家必须步调一致，这是稳态结构。等到这种稳态结构被打破之后，就好比是发令枪响，这时就看谁跑得快，这就开始了新一轮的竞争。

中国实行改革开放之后，全球经济开始了新一轮竞争，也带来了全球经济结构的重组，所以说，中国的改革开放不仅影响到了中国经济，也深刻地影响了世界经济。

在全球经济结构统一重组过程中，地区差异就凸显出来了。

原来我们说的三个世界，最初是毛泽东提出来的一个政治概念，但实际上它与经济基础有关。他指出，美国、苏联叫超级大国，是第一世界；西欧的发达国家和日本、加拿大叫发达国家，是第二世界；剩下的叫发展中国家，是第三世界。我们定位自己属于第三世界，是从经济角度认定的。

从政治角度理解，以美国为首，美国作为超级大国建立北约，形成一个军事同盟；以苏联为主建立华约，形成一个军事同盟。中国当时的定位是第三世界，我们的重点是把第三世界的穷国家团结起来，既不加入北约也不加入华约，这叫不结盟国家。这是当时中国的一种外交路线，取得了非常大的成功。

当时三个世界的划分，背后有经济因素。第一世界、第二世界是发达国家，第三世界是发展中国家，经济发展水平不一致。第二次世界大战结束，新一轮竞争开始之后出现的区域差异、国家差异，导致不同国家和地区的产业结构发生了变化。在中国改革开放之后，这种国际趋势就更加剧了。

胡焕庸线

世界发展到当下，可以说区域的结构已经逐渐浮出水面。全球是这样，中国也是这样，区域之间的差异越来越明显。

中国著名地理学家胡焕庸，经过长时间的研究，在中国地图上画了一条线——胡焕庸线。这条线北起黑龙江的漠河，南边终点是云南的腾冲，因此这条线也被称为漠河—腾冲线，或者腾冲—漠河线。但学术界为了纪念这条线的发现者，更习惯称之为胡焕庸线。

从漠河到腾冲，在这两个点之间连成一条直线，这条线的西北地区占中国国土面积的57%，东南地区占中国国土面积的43%，西北国土面积虽大一点，但两者大体上也算持平。但国内生产总值，这条线的西北地区只占全国生产总值的4.3%，东南地区却占了全国的95.7%。胡焕庸线是在民国年间提出的，其所说的生产总值和百分比也是民国年间的数据，但到今天这一情况也没有太大的变化。今天的比例虽然没有这么悬殊，但东南地区仍旧能占到全国生产总值的百分之八十多，西北地区仅仅占百分之二十左右，总体格局并没有改变。不仅是GDP，人口也是东南地区多、西北地区少。

胡焕庸线的两侧构成了中国的两个经济发展区域，这两个区域的发展是截然不同的。到这条线的西边去旅游，和到这条线的东边去旅游，感受截然不同，这就是经济发展造成的区域差异。

可以说，最近 40 年全球经济变化的一个最大特点，是区域的差异越来越大、越来越明显。这一点具体到中国，原因可能跟自然地理条件有关系。

初中地理教科书上说中国地势呈三级阶梯分布，最高处是青藏高原，向东海拔落差降下来 1000 米左右，是黄土高原到云贵高原、内蒙古高原等几个高原地区，再向东，又下降 1000 米，就是东部沿海平原了。所谓的第三阶梯，就是指最低的东部沿海平原这一区域，平均海拔 200 米；再往西就是第二阶梯，平均海拔大概在 1200 米—1500 米，典型地区是黄土高原、云贵高原、内蒙古高原；再往西去，是最高的第一阶梯——青藏高原，平均海拔超过 3000 米。

胡焕庸线的旁边就是第二、第三阶梯的分界线，与胡焕庸线很接近，有些地方几乎是重合的。如果从这个角度去理解胡焕庸线，它是与自然地理条件有关的。或者说，中国的人口集中在第三阶梯，中国的经济重心也集中在第三阶梯。从宋代以后，中国东南区域就一直是中国的经济发达地区，这不是改革开放以后形成的，可能是有自然地理方面的原因。

但是，胡焕庸线和第二、三级阶梯的分界线并不是完全重合的，这就证明了有人为的原因在里面，并不能完全归为自然地理方面的原因。打破第二、三阶梯分界线与胡焕庸线关系的，最主要的是四川。四川属于经济发达地区，在胡焕庸线的东侧，实际上它在第二阶梯里是盆地，海拔低。在打破胡焕庸线东侧发达、西侧落后的规律方面，我们吉林省做出了贡献，吉林省大部分地区在胡焕庸线以东，但吉林绝对不是经济发达地区。

这不是胡焕庸搞错了。我要强调的是胡焕庸是民国时期的学者，民国时期和中华人民共和国成立之初，东北经济也是比较发达的，被称为“共和国的长子”。东北有丰富的资源，如铁矿、煤矿，能源没问题；在中华人民共和国成立初期，有全国最密集的公路网、铁路网，交通运输没问题；有广阔的平原，粮食产量高，粮食保证供给没问题。新中国第一个拖拉机厂、新中国第一个汽车厂、新中国第一个电影厂，都建在吉林，这不是为了扶贫而建在经济落后地区，而是因为当时的吉林就是经济发达地区。所以说胡焕庸线没错。

吉林现在变成了经济落后地区，是改革开放四十年来我们落后了。不是胡焕庸线不准了，这是后来的变化。这种变化，可以说既有东北自身的原因，也有国家政策的原因，但这些所占的比重不大。

世界经济的发展加重了区域的差异，对所有国家都是如此。而就在这个过程中，我国东北出现了结构性落后，不是东北人努力不努力的问题，我认为是由整体经济结构导致的。

东北后来为什么落后？因为东北无法开拓市场，这是最致命的。东南沿海可以直接把货物装船运出去，便于开拓海外市场，但东北没有办法开拓海外市场。我们看看东北相邻的几个国家，如朝鲜，好不容易才解决了吃饭问题；蒙古也是贫穷国家；临近的俄罗斯的远东地区，是俄罗斯最贫困的地区。东北周边这些国家和地区，没有一个是有消费能力的国家，因此就没有办法开拓市场。国际市场不行，那么国内市场呢？我们看看中国地图就清楚了，若想进军国内市场，东北的地理位置显然是太偏了，离多数地区都比较远，运输成本比其他地区高许多。所以，这就存在一种结构性的问题。

再加上东北属于高纬度地区，很多东西无法生产，而且生产、生活成本较其他地区高。举个最简单的例子，在东北盖房子墙得厚，到南方盖房子就不用厚墙了，因为南方不涉及保暖问题。在没有采暖设施的情况下，房子 5—8 年的采暖费用可能就够在南方盖一栋楼了。生活成本、生产成本受高纬度的影响都在提高，成本降不下来，运输成本还要高，产品哪里会有竞争力呢？

现在讲西部大开发，怎么开发？这是一个很大的难题。中国国土面积大，经济发展差异大，或者不客气地说，除去西部连东北地区，剩下的地区经济发展水平已完全达到了发达国家的水平。怎么解决区域不平衡的问题，已经写到十九大报告里，可以说是我们未来发展经济所面临的一个大问题。但是，通过模仿东南地区的模式来发展经济的思路完全是错误的，因为各个地区的条件不一样。

就东北来讲，要发展经济，首先要正视区域差异。这是最近半个世纪全球经济发展的一个大趋势，是无法抵挡的大趋势，要顺应这个趋势去思考本地区的定位，以及本地区的产业结构调整，不能盲目地去模仿别人。我们要充分认识到这一点，脑子里也还应该有一个意识，就是既不能盲目自卑，也要认识到这不是中国的特殊情况。换句话说，区域之间有这么大的差异，中国并不是特例，而是全球普遍规律。

日本和美国的区域差异

世界各国普遍存在着区域差异，我们举两个发达国家的例子。

首先是日本。日本的区域差异很明显，工业发达地区基本上在东南，人口也主要集中在东南。现在都说日本人口密度很高，一个弹丸之地，拥有一亿多人口。即便如此，它内部的人口分布也极其不均衡。日本80%以上的人口，居住在中央山脉的东侧——关东平原地区，日本著名的城市，如东京、大阪、京都、奈良基本上都在这儿。日本经济最发达的地方就在这些地区，相当于中国的珠三角地区。但是在中央山脉以西，人口密度就很低。日本若是想要开发西部，还面临着一个劳动力匮乏的问题。

我们都注意到一个现象，中国东北人才外流，劳动力外流。“孔雀东南飞”，这是我们大学里的一个说法，是说这些年人才的流动全部往东南走，即使这样，东北的人才流失、劳动力流失也没有达到日本西部人才流失的严重程度。

我当年在离工业区很近的富山住了半个月，太平盛世，朗朗乾坤，可大白天街上没有几个人。大家可以回忆一下，疫情最严重的时候，长春街路上是什么样子，富山就是什么样子。有一次，我迷路找不到宾馆，想找人问路都碰不到人。好不容易遇到一个中年妇女，可她不会说外语，我们没办法沟通，而且她明显对陌生人有防范心理，看着我有点儿害怕。后来我碰到一位老大哥，他知道我迷路后就送我去了派出所。派出所不知道从哪里找来一个会讲英语的年轻警察，对我说："我们给你叫个出租车，送你回宾馆，行不行?"我回答"行"。他又说："车费得自理，行不行?"我说"行"。过了一会儿，出租车来了，我上车一看，出租车司机少说也得 70 岁了。还有一天在宾馆，服务员敲门，问我房间需不需要打扫，我打开门一看，服务员满头白发，没有一根头发是黑的。我一看这年纪，就说算了，不用打扫了。侧面反映出当地的劳动力严重匮乏。

日本西部地区的经济发展是很困难的。现在的长春、吉林，再怎么人才外流、劳动力外流，也没有达到日本西部地区的程度。反观日本，回过头来再看中国，我得出的结论就是，中国现在的区域差异还会进一步加大。

有人问我，东北的人才会不会进一步流失？劳动力会不会进一步流失？我的答案是会，从日本的经验看，这是必然的。只是现在还没有流失到日本富山的那种程度，只有流失到一定程度之后，才能稳定住。

日本经济发达的地区基本都在太平洋沿岸，是人口高密度、高集中的地区。这些地区有不同的产业，如化工业、汽车业，每个工业地区主打的产业不同，这是另一种区域差异。不仅是经济发达区和欠发达区之间有差异，同样是经济发达区，它的产业结构不一样，主打产业就不一样，这也是差异。

其次是美国。美国有三个工业发达地区，就是所谓的北部、南部、西部，这三个工业区域加起来也没有美国中部的欠发达地区大。美国的中部地区，是机械化大农庄，美国出口的粮食主要是由这个地区生产的。

美国这三个工业区产业结构明显不一致。美国北部是老工业区，之所以被称为老工业区，是因为历史悠久，当年这里是英国的殖民地，经济起步比较早，是美国工业最先兴起的地方。南部工业区是后兴起的。美国的南部当年以棉花种植为主，是一种殖民地经济。以奴隶劳动为基础构建的大农庄，从事单一的作物种植，只种棉花。南北战争取消奴隶制之后，南方工业才发展起来。

美国最后兴起的是西部工业区。美国进行西部大开发之前，人口最早集中在大西洋沿岸。后来在西部买地、侵略，占了很多土地。但那些地方地广人稀，没开发出来，所以就想尽一切方法动员移民，政府尽可能地用政策调解，让移民向西迁移，以便把这些地方开发出来，这是美国历史上的西部大开发。

在美国西部大开发过程中，修建铁路是很重要的一环。发展经济首先要把交通运输搞上去，所以美国修建了一条贯通美洲大陆的铁路线。修铁路的时候用了很多华工，当时中国人在那儿有的是为了淘金，有的是为了寻找一个更好的家园，还有一些是被卖过去的。在修这条铁路的时候死了很多华工，他们没有技术，就出苦力，干的都是最脏、最累、最危险的活儿。因此，有一位美国历史学家说过，东西贯通的大铁路，每一个枕木下都有一个华人的亡魂。铁路修通之后，交通运输条件得以改善，移民大量进入西部，形成了西部大开发的局面，才有了太平洋沿岸的美国西部工业区。

一直到今天，美国中部大部分地区还是以种植业为主。由于中央地区地广人稀，美国人非常奢侈地开辟了几个原始森林公园，其中黄石公园是最有名的。这样做的前提条件是人口密度低，根本就不需要开发。从这个意义上来讲，美国的土地还有进一步开发的潜力。

美国中部的大农庄，农业机械化程度很高，机械的使用几乎可以取代人工。联合收割机有十几米长，在田地里向前行走的同时，机器另一头出来的就是打好的米，直接装包就可以销售。一辆车只用一个人，只负责开车就行了，别的事情都不用管。正是因为这个原因，美国才仅有不到2%的人口从事农业生产，粮食却不仅能够供养整个美国，还能出口。由此可见，美国中部的景象与前述三个工业区差距太大了。我们心目当中的美国，好像都是像硅谷这样的高科技地区，若是到美国中部的农庄去看看，就是另一番景象了。这是美国的区域差异。

美国的三个工业区之间也存在明显的差异。美国的老工业区现在也面临着困境。前几年美国的汽车城——底特律宣告破产，在当时是非常轰动的事件。底特律就在美国北部的老工业区，是当年闻名世界的汽车城、汽车之都、全世界汽车工业的中心，可最后这个城市破产了。可见，美国的东北工业区跟中国的老工业区一样，现在也面临很多问题。实际上，世界各国的老工业区面临的困境都是一样的，这不是只有中国才面临的问题。美国的老工业基地也面临困境，而美国的新兴工业全在西部工业区，如航天、芯片等工业。可以说，西部工业区是美国的新兴工业区，代表着工业社会最发达的一种模式。

美国西部工业区的工业发展水平代表着全球的最高水平，而且引领新的发展方向。但它在美国整个国土面积中占的百分比比较小，不到美国国土面积的十分之一。

显然，美国各个地区之间的区域发展也是不平衡的。

中国的区域差异

对照美国和日本的区域差异，我们对中国的区域差异应该有一个正确的认识。目前中国正在形成的区域差异，是经济发展的正常结果。近半个世纪以来，世界各国的经济发展实际上都加剧了区域之间的差异。

从渔猎采集社会到农业社会，经济发展最大的变化就是行业的分工，就是恩格斯所说的手工业和商业从农业中分离出来，在此基础上，人类步入农业社会。而工业社会发展到最近半个世纪才出现越来越明显的区域分工，这是工业社会带给我们的最深刻的变化。这种变化带来的冲击力，与早期的手工业、商业从农业中分离出来所产生的冲击力不分上下。

区域之间的差异在扩大而不是缩小，因此，追求区域之间的发展平衡，只能是追求区域之间人民生活水平的近似，而不是区域之间产业的复制，这也是发展经济的前提。美国、日本是这样，中国也应该这样。不论是西部大开发还是振兴东北老工业基地，都应该看结果而不是过程。我们追求的结果是，中国西部地区和东北老工业基地的人民生活水平，与东南沿海等发达城市的人民生活水平差距缩小，而不是区域之间产业结构的相似性。

区域之间要打造不同的产业结构，这是历史告诉我们的经验。

当代经济的区域化也是全球性的，全球逐渐形成不同的经济区，不同区域就有不同的产业结构。一个庞大的产业往往被分割为不同的组成部分，每一部分落在不同的区域，也许是不同的国家，再靠一个大公司把它们结合起来，合为一个整体，落到某一个国家。

像中国这种国土面积广阔、人口众多的国家，更需要打造不同地区的不同产业结构，然后将它们凝结为一个整体。所谓的区域均衡发展，绝不是产业结构的近似，而是追求区域间富裕水平的均衡发展。

另外，我们已经进入工业社会，不能再将农业社会的产业结构分布完全带进来，更不能用农业社会发展产业结构的思维来从事工业社会里某些产业的发展。比较典型的是农业本身。在工业社会，毫无疑问也需要发展农业，但需要发展的是工业社会的农业，而不是农业社会的农业。典型的例子是我们前面提到的美国中部的农业，全部是机械化大生产，这才是工业社会的农业。我们现阶段还不能实现，但是我们要向这个方向走。

中国要想完成转型，农业的产业结构调整是必需的，不能停留在农业社会的状况，而要进入工业社会的农业。工业社会的农业不仅仅是机械化取代人工，更应是工业产品的大量运用。比如我们现在已经广泛应用的化肥、农药、农用地膜等，都是工业产品。再比如，人工灌溉以及所有的技术和设备都是工业的产物。总之，工业社会的农业，是技术含量越来越高的农业，是对工业产品依赖性越来越强的农业，而绝不是自给自足的小农经济。工业社会农业的另一个特点应该是不局限于粮食作物种植，这也是我们必须完成的一个转型，要提倡大农业概念。

农业要变成工业社会的农业，才能对工业生产起到支撑作用，反之就会成为工业发展的障碍。中国产业结构调整的思路，是要走工业社会的思路，而不是农业社会的思路。农业要适应工业社会的需要。要发展，思路正确很重要。

经济发展思路的重要性

一个国家的经济发展受很多因素的影响，在这些因素当中，经济发展的思路尤为重要。

下面选取亚洲的蒙古、大洋洲的澳大利亚、南美洲的阿根廷三个国家进行比较。

首先看这三个国家的国土面积，澳大利亚是 769.2 万平方公里，阿根廷是 278 万平方公里，蒙古是 156.65 万平方公里。再看这三个国家 2018 年的 GDP 数据，澳大利亚是 14320 亿美元，阿根廷是 5184.75 亿美元，蒙古是 130.10 亿美元。我们马上会发现，这三个国家的 GDP 跟其国土面积不成正比。蒙古的国土面积是澳大利亚国土面积的五分之一，但 2018 年的 GDP 却不到澳大利亚的百分之一；阿根廷的国土面积是澳大利亚的三分之一多一点，其 GDP 大约是澳大利亚的三分之一，这两个国家还算成正比。再看这三个国家的人均 GDP 数据，澳大利亚是 57305 美元，阿根廷是 11653 美元，蒙古是 4104 美元，落差非常明显，阿根廷是澳大利亚的五分之一，蒙古又是阿根廷的三分之一。从人口数量来看，澳大利亚是 2544 万人，阿根廷是 4385 万人，蒙古是 320 万人，人口的压力对经济的反作用在这里也体现出来，澳大利亚的人均 GDP 远远高于阿根廷的原因之一就是澳大利亚的人口比阿根廷少。

这三个国家的基础产业和资源相同，都有着发达的畜牧业和丰富的矿产资源。基础一样，人口密度都不大，但是经济发展的差距很大，就是因为三个国家经济的发展思路不同。

澳大利亚发展经济的思路大体上分为三步：第一步，开采矿业；第二步，在矿业开采的基础上，形成自己相关的制造业结构；第三步，引进技术，发展高科技产业。

澳大利亚从最早的采矿，到后来自主对矿石进行冶炼加工，提炼新产品，销售的不再单纯是矿石而是新的产品，接着又以此为基础，引进先进技术发展高科技产业。所以，澳大利亚的制造业发展速度很快。而澳大利亚的畜牧业，采用新的养殖方法，并注入一些高科技的产品，完成了由传统畜牧业向工业社会畜牧业的转型，因此澳大利亚的畜牧业产品才可能向全球竞标。

阿根廷的发展思路与澳大利亚类似，也是以矿业和畜牧业为基础，也试图以矿业为基础形成自己的产业结构。但阿根廷到目前为止只是走到这一步，还没有完全形成新的产业结构，就是没有迈出澳大利亚已经走出的第三步。阿根廷的畜牧业基本上完成了现代化改造，像屠宰、冷藏等工序都有一系列的高科技手段，因此阿根廷的牛羊肉能够出口欧洲，给它带来巨大的经济收入。

蒙古的畜牧业基本上还是农业社会那种，没有完成现代化改造，很落后。蒙古有丰富的矿藏，目前已探明的储量很多，但开采是个问题，这与蒙古特殊的地理位置有关系。蒙古是一个内陆国家，没有出海口，交通运输也停留在原始状态。因为传统的草原无法修建铁路，相当多的沼泽地和内陆湖影响着交通运输。虽然矿藏非常丰富，但是矿业一直没有发展起来，所以国家的主要产业还是原始的以放牧为主的畜牧业。

澳大利亚的自然地理条件并不比蒙古好，它的中部地区全是沙漠，可利用面积只占国土面积的26%。但是澳大利亚发展起来了，关键在于自身的经济发展思路。

蒙古致命的问题在于：第一，没有完成传统产业即畜牧业的现代化改造；第二，没有积极发展交通运输业，导致矿产没有开发出来。由此可见，贫富差距、区域差距越来越明显，除了自然地理的原因，更多的是产业结构方面的原因，也是经济发展思路不同导致的。

我们之所以用这三个国家进行对比，原因就在于它们的基础条件是一样的，具有可比性。可是它们发展经济的思路不同，导致贫富差距如此巨大，这就是地区差异背后的根源。

最近五十年，全球经济发展带来的明显变化就是区域之间的差距在加大。这是经济发展的必然结果，但这种差距也是人为造成的。一个国家经济发展、产业结构调整的思路是否正确，直接决定着这个国家的经济发展水平，所以发展思路非常重要。半个世纪之前，澳大利亚和蒙古之间的经济差距还没有这么大，但今天差距越来越大了，这就是因为发展的思路不同。

中国的经济发展思路

我们看中国的经济，首先要正视中国的区域差距，这是一个结构性的差异。例如东北地区的经济，应该思考的是东北发展经济的思路是否正确，或者说是否切合实际。中国未来区域之间差距会拉大，但并不意味着贫富差距会加大，关键在于怎么去调整。

从全球来看，国家之间的产业形成差异化，这是一个必然趋势。一个相对大的国家的各个地区之间产业也在形成差异化，这也是一个必然趋势。近 50 年来，全球区域差异越来越明显，但是还没有最后定型；国家之间、国家内部各个地区之间的产业分工合作也越来越明显，但是也没有定型。由此判断，全球经济发展的趋势是，将会形成一种新的框架、新的结构。

除了区域差异化，还有一个影响未来经济发展走势的因素，就是新技术、新能源。我认为，这两个方面结合在一起，将会形成未来世界的经济框架。在新的结构里，一个国家处于什么位置将会被重新界定。因此，在当下这个经济转型时期，很多国家需要重新自我定位。在这个过程中，不同的国家将迎来不同的发展契机。

对中国来讲，区域之间的产业差异化还没有最后形成，我们不能追求同质化，不能追求相似度，而应该追求差异化。这种差异化必须是立足于自身的地理位置、资源、人口等基础之上的，在这个基础上形成自己独特的产业结构。中国这样一个大国，国土面积跟整个欧洲差不多，均衡发展是不可能的，所以，中国未来的发展方向应该是分成几个大的经济区，每个经济区有不同的产业结构。

我认为，就东北而言，经济发展尤其要追求产业的差异化，要立足于东北的地域特征。东北的人才外流、劳动力外流是不可避免的，随着大量的人口外流，人口老龄化的加剧，东北未来的人口密度会略有降低。东北地区自然资源相对丰富，传统种植业比较发达，矿产也相对丰富，但这只是就目前而言。从长远来看，这些优势已经不可能再构成一个地区发展的优势。东北就是要立足于这样一个现实去打造自己的产业结构。

不同地区之间的差异，本质上是一种供需关系的调整，但这个地区能给哪个地区提供什么样的产品？这个地区的优势是什么？什么产品能够打入其他地区的市场？这是我们首先要思考的。当然，这种产品的生产必须是工业化的。

借鉴我们前面举的几个国家的例子，澳大利亚、阿根廷向全世界出口肉食，其生产模式和蒙古完全不一样，使肉食品加工业变成它们一个很重要的支柱产业。蒙古也发展肉食品加工，但蒙古没有完成这个产业的工业化过程。所以，中国东北地区未来经济的发展出路，在我看来，是就地取材，发挥本地资源。另外，一定要本着工业化的思维，不能是农业化的思维。

东北人参在国际市场上卖不过高丽参，原因就在于，韩国将高丽参种植业打造成了一个政府管控下的集约化的行业，成立各种株式会社。而我们还是一家一户，基本上是以农业社会的小农经济方式在从事人参种植业。经营思路和生产模式不对，不是工业化的，而是农业社会的产业模式，所以就没有竞争力。

在重构东北产业结构过程中，东北的支柱产业要立足于地区优势，并完成工业化改造。在此基础上，要去寻找一个新的发展高科技的路线，而这个路线要回避东北自身在地理位置方面的劣势。东北地理位置的劣势是，其一，周边的几个国家和地区都太穷，所以东北做出口贸易是没有发展前景的；其二，面向国内市场最大的劣势是运输问题。所以未来东北发展的产业，产品必须是方便运输的，产品要体积小、价值高，这样运输成本在单个产品上的平均值才能降低，这样的产品才可能打入全国市场。

古代的丝绸之路也是远距离运输，因此其标志性商品大多属于奢侈品，就是因为奢侈品能够保值、保价，附加值高，易于保存，所以才能运到欧洲去。古代的经验是可以借鉴的。

东北未来重点发展的产业应该解决运输问题，而解决运输问题不是去改变运输模式，如要想修高铁降低运输成本，这是做不到的。东北通高铁，南方也通高铁，运输成本是要横向比较的，与其他地区相比较，东北运输方面的劣势仍旧存在。东北经济发展中的运输问题，应该是追求便于运输的产品，是使运输的附加成本降低的产品，说得更直白些，是在其竞争与销售中运输成本几乎可以忽略不计的产品。这才是东北地区未来的发展方向。

再来说一说深圳。

深圳的经济还能不能恢复到从前？我的答案是不可能。深圳的经济从前是畸形发展，现在才是常态。道理很简单，改革开放初期，拿深圳做试点，给予深圳各种特殊政策，举全国之力打造这一个改革开放的窗口，所以说这一时期深圳的发展是畸形的。很多深圳的企业家都感觉到，20 世纪 90 年代深圳的生意很好做，但到 2008 年以后就比较艰难了，原因就在于此前是畸形发展，可能是从 2008 年左右开始步入了常态。深圳不应该想着前些年那种发展态势，那本来就是不正常的，是特殊历史时期的产物，而应该更多地思考如何转型。

作为中国最发达的地区，中国未来制造业的转型应该是从这个地区开始，深圳应该首先完成转型，否则就会被淘汰，或者说被其他地区取而代之。前面我们提到的几种转型，深圳应该处于领先位置。比如，劳动密集型转向技术密集型，这种转型肯定应该是深圳带头。在我看来，整个珠三角地区的制造业，未来都面临一个大的重组和转型，这才是目前深圳从事制造业的企业家觉得形势特别艰难的深层次原因。

深圳也不是没有发展契机。传统的贸易路线是以香港地区为中转站建立起来的，这是历史形成的，香港曾经是海上贸易路线的一个枢纽，香港是依靠这种地理位置的优势发展起来的，成为当年的亚洲四小龙之一。深圳紧挨着香港，别的地区可能利用不上这种传统的贸易优势，但是深圳能用上，香港能走通的方法，深圳也能走通。

深圳要抓住这个优势，去革新对外贸易的模式，打造新的对外贸易模式，与这个新模式并行的、配套的，就是产业结构的调整和转型。完成产业结构的转型，同时也就形成了对外贸易出口的新模式。当两个方面都完成之后，深圳就能够迎来一个新的经济发展时期。

中国很多地区都涉及如何打造本地区的产业结构的问题。只有各个地区把适合本地区的产业结构打造起来，中国才有可能完成经济转型，才有可能成为制造业大国。我觉得，我们现在说自己是制造业大国还为时过早。古代中国的人口始终占全球的 1/4 到 1/5，据西方经济史学家估算，当时的中国制造业也占全球总量的 1/4 到 1/5，可以说，古代的中国是当之无愧的制造业大国。可是，今天我们的制造业产品占全球总产量的多少呢？能达到 1/4 到 1/5 吗？显然不能。也就是说，今天我们还没有达到古代中国在世界经济总量中所占的份额。从这个角度看，说今天我们已经是制造业大国，我觉得还比较牵强。

在我看来，结合前面谈的五个转型，再加上打造区域化的不同产业结构，才是中国成为制造业大国必须走的路。说得更直白一点，就是区域之间要有明确的产业分工，本质上还是一种供需关系。这种区域化的产业分工，现在只能说刚刚有了一点儿迹象，并没有全部实现，这应该是中国制造业未来的发展方向。打造区域的产业结构，这是中国国内市场应该走的路。

中国的自我定位

全球都面临产业结构的差异化和分工的问题。那么中国给自己一个什么定位？这是中国经济发展必须思考的问题。

在世界经济的分工里中国怎样去定位？我们前面谈到了澳大利亚，它的定位就很清楚，几个支柱产业之间配合协调发展。中国的自我定位是高科技，高精尖，还是重点发展初端产品？还是小而全地发展？中国的定位要放眼全球，在全球的经济结构、区域差异当中，思考怎么定位对中国的经济发展最有利。

比如，我们如果做高精尖产业，就要有一个准确的定位，才能确定重点发展哪个方面的科技，而不是盲目地靠科技去拉动经济。如果定位不清晰，这种高精尖最后可能发挥不了它的市场作用，不能转化为商品，或者是转化为商品之后不能赚钱，最后连研发成本都挣不出来，那就推广不了。中国专利的申请数量是全球之最，但又有多少转化为实际生产呢？问题就在这儿。中国应该思考在全球框架内怎么给自己确定一个清晰的定位。

正确定位，其前提是正确认识现实。我们先看看中国与三个国家和地区的贸易中存在的问题。

其一是中国与韩国的贸易。2013 年，随着韩流在中国升至疯魔状态，三星手机成为最畅销的品牌，市场占有率一度高达19.7%。中国山东乃至河南种植的大白菜都卖给韩国了，然后我们再买韩国的辣白菜回来。无形之中，我们变成了韩国的原材料供货地和产品倾销地。这种产业结构，未来的发展很难有前景。

2017 年 3 月，萨德事件爆发，一纸“限韩令”让韩剧从中国电视荧屏上销声匿迹，加上抵制韩货的呼声，三星手机在中国市场的份额跌至 0.8%。2018 年年底，三星手机关闭位于中国天津的手机工厂。2019 年 10 月 3 日，三星宣布解散惠州三星电子，从而将手机生产全部搬出了中国。华为占领了相关市场。就手机市场而言，问题似乎得到了很好的解决，但就中韩贸易整体而言呢，问题真的已经全部解决了吗？

其二是中国与非洲的贸易。从“一带一路”开始提倡与非洲合作，中国将生产的极其便宜的日常用品销往非洲。可是中国商品销往非洲的运输成本比较高，若是不大幅度加价的话，就没有利润，但是加价额度大了，到非洲就不是日常用品了。就是因为运输成本的问题，古代丝绸之路的标志性商品基本都是奢侈品，如果今天的贸易出现了和古代类似的情况，显然是没有发展前景的，只能是昙花一现，短期效应。

其三是中国与伊朗的贸易。伊朗的很多时装都是中国生产的。在伊朗销售的时候，贴上美国大品牌的牌子。从中国往出卖的时候很便宜，但是贴上美国的牌子之后，价格就上去了。好在伊朗和美国关系不好，也不会替美国保护品牌利益。反美是伊朗的基本国策，所以盗用美国品牌伊朗也不管，中国就钻了这个空子。但是，这种贸易的背后是改革开放初期假冒伪劣产品思路的延续，虽然能充斥市场，却没有发展前景。另外，靠出口退税、靠扶持政策等，这样的外贸产品在我看来都是短期效益，对中国经济未来的发展起不到推动作用。

上面举的三个例子，来自三个不同的国家和地区，也是三个不同的类型，仔细想想，这几种类型的路都走不远。这也是我们一些小商品之都兴起又衰落的原因。

最近 30 年，中国有很多地方先后兴起小商品之都、小商品交易中心，主要都是从事日常用品批发。记得最开始是辽宁的西柳大集，后来是北京的白沟，再后来是义乌……这些小商品之都兴起又衰落了，为什么不能一直兴旺？实际上背后的原因就在于这条路走不长。可是为什么我们还坚持了这么多年？是因为我们换了不同的国家和地区去销售。但归根结底这条路是不持久的。义乌这几年也在衰落，其衰落的原因就是中亚、西亚出口的萎缩。供需关系一旦饱和，就没有办法再打进市场，更不可能进行扩大再生产。

改革开放初期，20 世纪 90 年代的时候，中国商人向伊朗出口商品，卖什么都赚钱，遍地是商机。比如，发一大集装箱男士短裤，不到一个月都能销售一空。当时的出口贸易很容易进行，利润很可观，但今天再做这个生意就不行了。后期到义乌兴起的时候，变成了适应西亚各国的产品，比如，卖阿拉伯人穿的长袍。说明商人已经开始研究这个国家的需求，要使自己的生产适应其特殊的市场需求。这就意味着贸易已经盛极而衰，市场的需求饱和了，随之而来的是所谓的商品集散中心的衰落、萎缩。

这种小商品集散地的起起伏伏，表明上述几条经济发展之路都是走不长久的，预示着中国要想恢复到制造业第一大国的地位，必须完成产业结构转型，而且我们现在就有这种发展的契机。

需求与创造需求

第二次世界大战以后，全球经济进入稳态，中国改革开放之后，中国既是生产国又是一个庞大的市场，打破了这种经济稳态，推动了全球生产规模和消费规模的扩大，这是世界经济发展的重要原因。20 世纪 90 年代以后的世界经济繁荣，中国做出了特殊的贡献。

说得形象一点，我们是来搅局的。我们搅了之后，大家才往前发展，否则世界就是一潭死水。

可是，这种发展到 2000 年以后，逐渐进入了新的瓶颈期。新的瓶颈在于，从奢侈品到日常用品的转化变慢，市场需求增长的速度变慢。这导致制造业的发展同步降速，增长趋势放缓，致使全球经济低迷。要打破这种经济低迷状态，根本方法还是要去创造需求。

工业社会的特点是创造需求，而不是简单地满足需求。工业社会就是创造需求，再满足需求。不是等人有了使用手机的愿望，手机这个产业才发展，而是这个产业创造了人们的需求，诱惑大家使用手机，然后才拉动了手机这个产业的发展。现在刺激需求的速度降下来，就导致了生产的萎缩，这才是全球经济低迷的根本原因。

全球经济发展积累起来的财富，需要有一个出口，即需要一个投资方向，在此基础上金融业才发展起来。但金融业如果没有实体经济的支撑，就是虚的，所以金融业的繁荣，背后是由实体制造业来支撑，它们之间是地基和楼的关系。当金融业过分膨胀，和实体经济已经不成正比的时候，必然崩盘，这是金融危机爆发的根本原因。

前不久，从美国开始的全球金融危机是由美国的次贷危机开始的，包括那些银行的倒闭等，都是因为美国的金融业过分繁荣，膨胀到实体经济支撑不了的程度，就必然坍塌。

资本大量流向金融业以及一些非制造业领域，已经标志着制造业的萎缩，而制造业萎缩的根本原因在于市场的萎缩。有人把市场的萎缩说成是购买力下降的结果，我认为不是这样。人们是有购买力的，但不购买，是因为没有刺激出购买的需要。市场萎缩的根本原因是制造业创造需求的能力减低了。制造业的发展，首先应该实现的不是制造产品，而是制造需求。

怎样通过制造需求来扩大需求？在我看来，是要有新科技的注入，包括新能源、新材料。新能源、新材料可能是最重要的，在这方面需要具有一种革命性的更新，才能成功地创造新的社会需求，然后才能进入一个新的制造业高速发展时期，也才会带来一个新的经济高速发展时期，从而从根本上改变我们的生存状态。也就是说，完成这次经济转型之后，人类会进入一个新型社会。

社会的转型

对于当下人类所处的社会类型，西方学者有一些不同的认识。有的学者认为我们现在正处于转型时期，是由工业社会向一种新型社会转型的时期，也就是说，这种新型社会还没有完全形成，至多是刚刚显现出雏形。但有的学者认为，从 20 世纪 90 年代开始，人类就已经进入一个新型社会，就已经不是工业社会了，对这个新型社会的命名还存在着差异，有的学者称这个新型社会为后工业社会，有的学者则称之为信息社会。

我比较倾向于前一种观点。我认为 20 世纪 90 年代以来的种种变化，并不意味着人类已经进入一个新型社会，而是进入了转型时期。只有转型完成之后的社会，才是新型社会。我为什么认为到现在为止转型还没有结束？答案就是一句话，科技的潜力还没有充分发挥出来。换句话说，新技术对我们生活能够造成的冲击，到现在还远远没有发挥出来。

实际上，这次疫情在某种程度上也值得我们参悟。我说的参悟不是指疫情从哪儿来，那是医学家们的事情。我说的参悟，指的是从宏观上看社会。疫情期间，很多事情转为线上，这让我们发现，原来我们有很多日常的工作、学习是可以在线上完成的，不必非得在线下。若是没有疫情，全国学生都上网课，那是不可能出现的事情，可是在疫情期间，这一事情很容易就实现了。这个案例证明，互联网这种新的科技手段对我们的生活能够形成的冲击，到现在还没有完全体现出来，或者说互联网所有能做的事情，并没有全部实现，我们只是把它能做的事情实现了一部分。

科技对我们生活造成的改造与冲击，并没有完全发挥出来，如果完全发挥出来，就能彻底改变我们的生活，到那时，人类才进入了新型社会。

互联网能够创造的东西，现在还没有真正发挥出来，若是完全发挥出来，对我们的生活会形成巨大的冲击，就连我们的生存模式都会发生变化。比如，如果未来的教学都采用网课的形式，学校怎么办？学校又是什么？还有校园吗？

我以前和一些教授探讨这个问题时，一位理科教授反驳我说："你们文科没有校园可以，我们理科不行，因为我们的教学需要有实验室。"我说："那还不简单，大学集中的城市，统一设计建设一个实验城，供所有大学教学实验用，不用一个学校建设一套实验设备，还避免了资源的重复和浪费。全市居民都可以共用一个图书馆，为什么全市的大学就不能共用一个实验城？"试想，如果建一个实验城，各种实验设备齐全，各个学校的学生共享，拿学生证就能来做实验，一切就都搞定了，那么有必要非得建一个大学吗？如果授课可以完全通过网络进行的话，有必要存在校园吗？有必要存在宿舍吗？我们现在的大学为什么不能再扩大招生规模？主要是没有那么多宿舍，没有那么多教室。如果改为网上授课，那么大学是不是可以无限扩招？

比如，吉林大学现在一年只招 1 万多名本科生，这是受教室、寝室、教师数量等硬件限制的结果。如果学校搬到网上，没有硬件限制，好像招多少学生都可以承受吧？如果那样的话，吉林大学一年能招收本科生 20 万，吉林省其他大学又怎么发展呢？是不是吉林省有吉林大学就可以了，其他高校可以取消了？另外，吉林大学并不是全国最好的大学，如果可以无限扩招，学生们恐怕都会选择清华、北大，而不会选择吉大，毕竟是在家上网课。这个问题推向极致的话，一个北大一个清华就可以搞定全国的大学教育了。大学全部网上授课的话，以后我们的学生就不存在高考问题了，全都可以是清华、北大毕业。

从技术角度上讲，这些应该是可以实现的，但我们现在没有具体应用这种技术，或者说没有将技术的潜力完全发挥出来，就不是科技的问题了，而是人文的问题。

科技的发展永远需要人文来引领和指导，前面的例子就是典型。互联网技术可以达到的应用，我们现在压着不用，其原因就是这种技术应用带来的后续影响，我们还没想好怎么解决，这就是人文的问题。如果真的是全国各大学都改为网上授课，自由扩招，那么各省属院校怎么办？另外，还有一个问题，就是同一门课程我们可以由全国的教学名师上课，那么以前讲授这门课程的其他老师做什么去呢？现在因为要在教室上课，一个教室配备一名老师，才有这么多老师讲同一门课。如果互联网上课，就可以全国都听，而且讲课、听课的时间可以不固定，教师可以事先录制课程，在网上播放，几点听都行。

互联网技术给我们生活带来的连锁反应，在没有找到一个妥当的解决方案之前，政府绝对不会允许这种互联网技术的落地和实践，因为那样会造成巨大的社会问题。

再举一个例子，干细胞移植技术、克隆技术，目前可以说已经成熟了吧，但我们必须控制住，不允许其扩散。因为它引起的连锁反应会引起社会的各种动荡、各种问题，我们目前还没有找到适当的解决方案，所以这种技术暂时还不能大规模应用。

这就是科技的发展需要人文来引领。技术应用后面的这些事情，都是人文学科的事情，人文学科能找到解决问题的方案，才能允许社会应用这些技术。现在科学技术的发展超过了人文学科的发展，科学技术会对人类生活造成巨大的冲击，冲击之后带来的一系列社会问题怎么解决，人文学科还未能拿出可行的稳妥的方案。人文学科研究的这种滞后性，导致我们必须先把新技术冷藏几年。

要用人文学科来引领、指导科技的发展，这是永恒的规律。如果不用人文去引领、管控自然科学，就会出事。原子弹的发明就是典型案例。没有人文的引领，只是为了战争的需要把它制造出来，结果我们发现，它给人类造成巨大的阴影，其影响完全是负面的。我们吃一堑长一智，必须想好这些冲击怎么解决，才能把这些科技从笼子里放出来。

所以，当下的技术发展对人类社会的冲击力远远没有发挥出来，因此我们是处在社会的转型时期。未来有一天，我们会把这些问题都解决，然后允许科技对我们生活的各个方面进行全方位改造，我们才进入了一个新型社会，一个跟传统的工业社会完全不一样的社会，人类整个生存模式会发生天翻地覆的变化。

随着科技的发展，人类的预期寿命也在延长，今天的中国人平均年龄已经接近 80 岁。所以，我们这一代人应该能够赶上未来三五十年内可能会发生的天翻地覆的变化。改革开放到今天也仅有 40 年，我们都见证了中国社会发生的巨大变化，如果保持同样的发展速度，未来 40 年会发生多大的变化呢?

中国弯道超车的机遇

在这个转型过程中，中国有弯道超车的可能。

前面我们提到，发展中国家GDP年增长率超过6%，才能缩小与发达国家的差距。这一点我们中国做到了，但这种情况是我们始终在后边撵人家。如果不出现转型，按照目前这种发展状况，是发达国家已经领跑了300年，而我们才起步追赶40年，所以超过发达国家的可能性不大。但现在的情况是，欧美发达国家也要转型进入一个新型社会，我们和欧美要同步转向一个新型社会，这样大家的起跑线就是相同的，也就存在着弯道超车的可能，这时候谁先完成转型，谁就是未来的发达国家。

从目前来看，欧美发达国家的经济发展水平、科技发展水平均领先于中国。但是从转型的角度来讲，欧美并不具有太大的优势。

中国改革开放的时间点儿刚刚好。第一个刚刚好，是西方发达国家要把它们的制造业挪到本土以外，正好在这个时间点，中国开始了改革开放，吸引外资投资建厂。我们抓住了这个契机，中国经济开始起步。我们发展了40年，持续GDP年增长达到6%以上，与发达国家的差距越来越小。恰恰在这个时期，又迎来了全球的经济转型时期，使得我们现在也具有了跟欧美同步转型的基础，这可以说是第二个“刚刚好”。

我们抓住了第一次机遇，才迎来了第二次机遇。反过来想就容易理解了，假如说中国今天才搞改革开放，农村才实行联产承包责任制，这次转型的机遇我们能把握住吗？欧美发达国家要转型，而我们还不具备转型的前提和基础，所以只能眼睁睁看着机遇从身边溜走。

正是因为有前面这40年的积淀，我们现在才具备了这个基础，才有可能和欧美发达国家同步完成转型。如果它们转型慢点儿的话，我们就有可能率先完成转型，那就是弯道超车了。

所以，这一次社会转型对中国来讲是一次特殊的机遇，全球没有几个国家可享有这种机遇。欧美国家一直是发达国家，它们引领转型很正常。而广大的第三世界国家几乎都没有这种机遇，因为它们的积淀不够。全球有30个国家的GDP年增长超过6%，但是它们都是刚刚起步，所以这一次机遇它们恐怕是把握不住的。因此我认为，放眼全球，从一个第三世界国家发展起来，并且在这次转型期有可能弯道超车的国家，唯有中国。

目前若是和欧美竞争总体经济实力、科技发展水平，我们肯定还是不行的。但问题是，现在大家都需要转型，而现在竞争的是谁能先完成这种转型。因此，现在的中国尤其应该推动的是经济转型，而不是经济总量的积累。中国要追求一种新的突破，完成一种经济的转型、社会的转型。

中国率先完成转型，不是不可能的。我们讲全球经济史，从人类经济的发展来看，自近代以来，原有的经济中心一直是不断被超越，可以说是各领风骚数百年，最开始是意大利北部的城邦，接着是荷兰，然后是英国，现在是美国。为什么下次不能是中国？

关键在于我们能不能抓住这次机遇，这就是新思维的重要性。

疫情过后的经济

当下的疫情，对经济的影响不仅体现在中国，而且造成了全球性的经济危机。但疫情对经济的影响，属于偶发性事件。偶发性事件对经济，对整个人类社会进步的影响，必然是短暂的，不会从根本上改变原有的格局。所以说，这次疫情对中国经济产生了冲击，但不会导致我们完不成这次转型。

2008 年以来，中国经济面临的艰难期，实际标志着我们进入了经济转型期，而这次疫情在这个时间点到来，使我们的转型期雪上加霜。这对我们是有负面的影响，但不会从根本上影响中国经济的未来走势，不会影响中国的转型。我们不能把疫情对中国经济的影响看得太重。在历史上，任何偶然的突发性事件，对整个历史进程的影响，在历史的长河中都是可以忽略不计的。

这种短暂的影响，不会影响全球的经济结构。我们把这层因素剔除，会看到最近这几年有一种新的变化。

从各国特别是西方国家来讲，民族主义在兴起，贸易保护主义在兴起。前面我们讲过，高喊自由贸易的国家是其产品有竞争力的国家。但是，改革开放之后这 40 年，中国的发展拉动了全球经济的发展，市场在扩大，需求在扩大。生产的扩大，使全球经济进入了一个繁荣时期。但是当市场的需求增长开始减慢时，就是奢侈品向日常用品的转化速度降下来的时候，于是制造业的增长速度就降下来了，随后就出现了2008年以来的全球经济低迷。在全球经济低迷时期，各国都在优先考虑怎样保障本国的制造业。因此，传统的自由贸易、降低关税、贸易同盟等思路，就不再为各国所提倡。我认为这才是英国脱欧和特朗普一系列举措的根源。

特朗普一切政策的出发点都是美国优先，美国执行的不再是自由贸易主义的政策，不再具有国际主义情怀，而是要优先解决美国自身的问题，优先保证美国的产业。英国为什么要退出欧盟？英国也是要保护本国的产业。在一个经济低迷时期，英国传统的外交方案——离岸平衡手、大陆均衡政策，再次体现出来。

实际上，这些变化都与全球经济低迷有关，这些国家的对外政策就是经济发展的一个晴雨表。看明白这些现实问题，我们就可以对未来有一种感知。

我们现在对未来要有几个明晰的思路。这种经济低迷肯定还要持续一段时间，但它不是由疫情导致的，而是由结构性导致的。逐渐地，各国都会开始强调对本国产业的保护，各国都会有一种本国优先的体制，致使国家之间的经济竞争更加激烈。而激烈的竞争所形成的压力，又使各国去寻求出路，寻求新的科技，然后新技术的力量就会爆发出来，推动我们完成社会的转型、经济的转型。转型之后带来新的经济格局，才能迎来全球经济的发展和繁荣。

跋

经济史并不是我的专业，但个人对此比较感兴趣，因此这些年陆陆续续地读了许多经济史方面的著作。因为与学生谈到读史是了解社会的一种方法，曾经想给学生讲“全球通史”，以便从历史中得到启发，达到了解社会的目的。后来觉得通史内容比较庞杂，恐怕不是我所能把握得了的，而且对学生的启发好像也不是很直接。学生们做生意的比较多，不如讲经济史对他们的启发更直观一些。正巧 2020 年疫情降临，一切工作都停顿下来，有了充足的时间，天天在家读书，又读了一些经济史的著作。最终利用 9 次机会，在长春给学生们讲了一遍“全球经济史”。本次书稿就是根据在长春的讲课录音整理的。

参与整理的主要是长春的学生：李亮、李浩、石践、王丹、关婧坤、刘博欣、闫立荣、初美延、宋卉、张爽、齐承龙等。

限于学识，挂一漏万在所难免，谈了一些个人的理解，有些事得用时间来验证了。

杨军

2021 年 4 月 14 日于闲置斋